A Revolução Republicana na Educação
Ensino de qualidade para todos

Cristovam Buarque

FundaçãoSantillana

≡lll Moderna

≡III Moderna

ORGANIZAÇÃO E EDIÇÃO:
COORDENAÇÃO EDITORIAL: Sérgio Couto
REVISÃO: Viviane T.Mendes
PROJETO E EDITORAÇÃO: Ricardo Postacchini
COORDENAÇÃO DE PRODUÇÃO INDUSTRIAL: Wilson Aparecido Troque
IMPRESSÃO E ACABAMENTO: Corprint Gráfica e Editora Ltda.

ISBN 978-85-16-06030-5

EDITORA MODERNA LTDA.

Rua Padre Adelino, 758 – Belenzinho
São Paulo – SP – Brasil – CEP 03303–904
Tel. (11) 2790–1500
Fax (11) 2790–1501
www.moderna.com.br
2011
Impresso no Brasil

Dedicatória

Aos que, no futuro, um dia, estudarão em cidades com Educação de Base Ideal, e a todos aqueles que, nos séculos anteriores, ficaram para trás porque não tiveram essa chance, por omissão de uma República incompleta.

O Brasil foi, por quatro séculos, uma colônia monarquista na política, escravocrata na economia e na sociedade.

Em 1889, por um golpe de estado, proclamamos a República Política, mas não fizemos a revolução republicana no social: continuamos uma sociedade dividida. Fizemos um grande caminho na miscigenação racial, mas não fizemos a miscigenação social que unifica as classes fazendo um povo. Só uma revolução republicana será capaz de construir o povo brasileiro, sem a divisão entre "elite" e "povão", um só povo, com diversidade de classes.

Se a miscigenação racial se fez nas alcovas, e a República política nos quartéis e em uma esquina do Rio de Janeiro, a construção de um povo, a miscigenação social se faz nas escolas. Daí o título deste livro: A Revolução Republicana. Adiada há 120 anos, ela só será realizada quando o Brasil oferecer a mesma chance educacional a cada criança, em escolas com a mesma qualidade para todos.

Cristovam Buarque

Nota

Muitas destas ideias e propostas orientaram os trabalhos do MEC no ano de 2003. Algumas foram implementadas, outras apresentadas à Casa Civil como sugestões de Projetos de Lei a serem encaminhados ao Congresso Nacional pelo Presidente da República. A mudança de administração do MEC, em janeiro de 2004, levou à interrupção dessa concepção de revolução na educação e à suspensão das propostas. Desde aquele ano, apresentei boa parte delas no Senado Federal, na forma de Projetos de Lei. Algumas já foram aprovadas, sancionada e são leis. Outras estão em andamento. Em 2006, levei-as ao debate nacional, durante a campanha presidencial.

Em 2007, uma primeira versão deste texto foi apresentada ao Ministro da Educação, Fernando Haddad, após o pedido de sugestões feito pelo Presidente da República, durante o primeiro lançamento do Plano de Desenvolvimento da Educação.

Ao longo dos meses seguintes, o texto inicial foi ampliado, levando em conta as sugestões que tenho recebido nas muitas palestras, entrevistas, encontros e conversas nas dezenas de cidades visitadas pela Campanha *Educação Já*, levada adiante pelo Movimento Educacionista. Ele foi complementado graças também às nove audiências públicas realizadas na Comissão de Educação do Senado Federal, durante o período em que fui seu presidente (2006-2008). Foram 39 expositores, entre professores, reitores, secretários estaduais e municipais, prefeitos, ministros, representantes de sindicatos e de ONGs.[1] Mais

---

[1] O resultado destas audiências foi publicado pelo Senado Federal sob o título "Ciclo de Audiências Públicas: Ideias e Propostas para a Educação Brasileira & Plano Nacional de Educação – PDE, 2009".

recentemente, em maio de 2011, apresentei essas propostas na Audiência da Comissão de Educação para debater o II PNE – Plano Nacional de Educação.

Apesar de todas as contribuições, esta versão corresponde plenamente ao que venho defendendo há décadas e que publiquei em novembro de 2007, acrescentando as revisões de texto, atualizações estatísticas e sugestões de colaboradores. Entre esses, cito Waldery Rodrigues Jr., Christiana Ervilha, Fernanda Andrino, Ivônio Barros e João Luiz Homem de Carvalho. Apesar dessas contribuições e de toda a evolução na sua elaboração, este texto continua tendo a mesma intenção: ser um elemento para o debate que leve à Revolução Educacional Republicana de que o Brasil precisa. E toda a responsabilidade continua sendo minha.[2]

Brasília, junho de 2011.
Cristovam Buarque

---

2 Os leitores interessados em obter as planilhas de cálculos do projeto deste livro, bem como enviar comentários, críticas e dúvidas, podem fazê-lo por *e-mail* para RRE@cristovam.org.br ou visitando o **website** do livro (www.revolucaonaeducacao.org.br).

Índice

Sumário Executivo – 9

PARTE I: O QUADRO – 15

1. Introdução – 15
1.1 Um país em risco – 15
1.2 A utopia educacionista – 21

2. A tragédia da educação brasileira – 26
2.1 O baixo desempenho – 26
2.2 A desigualdade abismal – 33
2.3 Comparação internacional – 39
3. As consequências da tragédia – 43
4. As causas da tragédia – 49
5. Como vencer os entraves – 59

PARTE II: AS PROPOSTAS – 63

1. Transferir para o Governo Federal a responsabilidade com a Educação de Base – 63
2. Criar a *Carreira Nacional do Magistério* – 78
3. Criar o *Programa Federal de Qualidade Escolar para a Educação Integral em Escola com Horário Integral* – 81
4. *Realizar a revolução republicana na educação em todo o País, por meio da Cidade com Escola Básica Ideal*, em 20 anos, por cidades – 82
5. Definir padrões nacionais para todas as escolas brasileiras – 87
6. Estabelecer uma Lei de Metas para a Educação e uma Lei de Responsabilidade Educacional – 90
7. Valorizar muito, formar bem, avaliar sempre, motivar constante-

mente e cobrar respeito pelo Professor da carreira tradicional – 92

8. Implantar uma Rede de Centros de Pesquisas e Desenvolvimento da Educação – 98

9. Qualificar a infraestrutura – 99

10. Proteger as edificações e os equipamentos escolares – 101

11. Universalizar a frequência às aulas até a conclusão do Ensino Médio – 104

12. A Educação Pós-Básica – universalizar o Ensino Técnico – 109

13. Envolver a universidade com a Educação de Base – 112

14. Substituir o Vestibular pelo Programa de Avaliação Seriada – 113

15. Criar o Cartão Federal de Acompanhamento Escolar – 114

16. Erradicar o analfabetismo no Brasil – 115

17. Criar um Sistema Nacional de Avaliação e Fiscalização da Educação de Base – 119

18. Garantir o envolvimento das famílias e os meios de comunicação na revolução educacional – 120

19. Instituir um sistema de Premiação Educacional – 123

20. Implantar o Sistema Nacional Público de Educação de Base, considerar a possibilidade de parcerias público-privadas e criar o PROESB – 124

21. Retomar o Programa Educa Brasil – 125

22. O Pacto de Excelência – 125

PARTE III: CUSTO E FINANCIAMENTO – 129

1. O custo de fazer – 129

2. O financiamento – 134

3. O custo de não fazer – 137

PARTE IV: CONCLUSÃO – 141

Sumário Executivo

O Brasil é o primeiro em futebol e o 88º em educação. A razão é simples. A bola é redonda para todos, todos começam a jogar aos quatro, e só abandonam quando querem; muitos não abandonam jamais. A escola é redonda para alguns e quadrada para muitos; é completamente diferente conforme a renda e o local onde está. Nela, uns poucos começam aos dois anos de idade, depois de cuidados especiais na pré-infância; são confortáveis e bem equipadas, com professores dedicados e competentes, as aulas são complementadas ao longo do dia. Estes estudam até a idade que desejam. Para outros, ela começa aos sete, tem prédios decadentes, não tem equipamentos, o dia de aula não passa de duas a três horas, sem complementação. Estes normalmente a abandonam antes dos 15 anos. A escola brasileira é um funil de exclusão da imensa maioria da população. Aproveitamos todos os pés e pernas dos jovens brasileiros, na procura daqueles com mais talentos, e criamos os melhores jogadores do mundo. Mas jogamos fora pelo menos 80% de nossos cérebros, não lhes dando escola de qualidade, não os mantendo estudando.

Este texto procura apresentar um caminho para arredondar **todas** as escolas do Brasil e garantir a chance de nelas manter **todos** os nossos jovens. Há outros caminhos, mas esse é um deles.

Neste começo de século, o desenvolvimento do Brasil esbarra em dois muros: a desigualdade que divide o país e o atraso que o separa do resto do mundo desenvolvido. O muro da desigualdade separa, aqui dentro, uma parte da população da outra; o muro do atraso separa o Brasil do resto do mundo desenvolvido.

Esses dois muros são antigos. O Brasil sempre foi um país dividido. Mas até recentemente se acreditava que o futuro estava no crescimento econômico. E que o lento progresso da indústria nacional traria, um dia, um futuro brilhante.

O Brasil começou seu crescimento econômico, mas não se aproximou da utopia da equidade e do desenvolvimento. Ao contrário, viu crescer o fosso entre as classes sociais, atingindo um padrão de *apartheid*, de apartação social. Para se desenvolver, a civilização brasileira terá de derrubar seus dois muros. E isso só será possível com uma revolução.

Por mais que a economia cresça, sem uma revolução que aproxime ricos e pobres, dando a todos a mesma chance de desenvolver plenamente seus talentos e seu potencial, o Brasil não derrubará esses muros, e continuará profundamente injusto e desigual.

Essa constatação deriva de outra: o berço da desigualdade está na desigualdade do berço. O caminho rumo ao futuro desigual começa quando nascem as crianças. Algumas comem, outras não; algumas vão cedo para a escola, outras não; algumas permanecem na escola até a vida adulta, outras não. E, adultas, algumas conseguirão um bom emprego, graças à sua formação, outras não. No Brasil, a escola é a grande fábrica da desigualdade.

Por isso, o caminho para a revolução está na educação. Uma educação que trate todas as crianças como brasileiras, e todos os brasileiros como cidadãos. Uma educação que seja responsabilidade da União, e não mais de estados e municípios, e que independa da vontade dos prefeitos e da renda das famílias. Uma educação que crie o único capital necessário para o desenvolvimento no século XXI: o capital conhecimento.

Essas ideias estão detalhadas neste livro. Há também um

tratamento analítico cuidadoso de como se dará a implementação da proposta. Sobre esse tema veja a seguir os principais números envolvidos na Revolução Republicana da Educação. Antecipa-se o feliz resultado de constatar que ela é possível.

A proposta contempla um cronograma de execução, iniciando-se em 200 cidades no primeiro ano, onde serão instaladas as Escolas Ideais para uma revolução educacional. Essas localidades serão denominadas de ***Cidades com Escola Básica Ideal (CEBIs)***. Nessas cidades, as escolas disporão de toda a infraestrutura para um ensino de primeiríssima qualidade, similar às melhores experiências internacionais na área educacional; seus professores receberão um salário que os motivem à dedicação integral, eficiente e efetiva; os alunos disporão dos recursos tecnológicos e técnicos de fronteira na área educacional; haverá segurança, alimentação e tratamento médico-odontológico que assegurem o cuidado necessário para a aprendizagem de qualidade no sentido extremo da palavra.

Ao longo de 20 anos todas as escolas terão o formato da Escola Ideal. Mas a proposta contempla também uma melhoria do Sistema Tradicional (todas as demais escolas/cidades que não fizerem parte das *CEBIs*).

Os custos para realizar essa revolução estão detalhados no Quadro 1 e na Figura 1 abaixo. Note que:

a) Há uma notória viabilidade na proposta.

b) Os custos totais (soma para os sistemas adotados nas CEBIs e para o sistema tradicional) tendem a estabilizar-se em um patamar inferior a 6,5% do Produto Interno Bruto – PIB (mesmo sob as condições educacionalmente ambiciosas e economicamente conservadoras de simulação dos parâmetros usados na proposta).

Quadro 1

Custo de implementação da Revolução Republicana na Educação (preços constantes de dez./2011)					
Ano de implementação	1	6	11	16	20
PIB a preço constante (dez./2011, em R$ bilhões)	4.137	4.796	5.560	6.446	7.255
CEBI Número de alunos (milhões)	3,5	16,1	28,8	41,4	51,5
Custo variável (R$ Bilhões)	31,5	145,2	258,9	372,6	463,5
Custo Fixo (R$ bilhões)	8,8	4,9	3,2	1,4	0,0
Custo Total (fixo + variável) (R$ bilhões)	40,3	150,1	262,0	374,0	463,5
% do PIB	1,0%	3,1%	4,7%	5,8%	6,4%
SEV Número dealunos (milhões)	48,0	35,4	22,7	10,1	0,0
Custo adicional do salário do professor (Delta) (R$ bilhões)	118,7	87,5	56,2	25,0	0,0
% do PIB	2,9%	1,8%	1,0%	0,4%	0,0
TOTAL Número de alunos (milhões)	51,5	51,5	51,5	51,5	51,5
Custo (R$bilhões)	159,0	237,6	318,3	398,9	463,5
% do PIB	3,8%	5,0%	5,7%	6,2%	6,4%

Elaboração própria.*

Figura 1

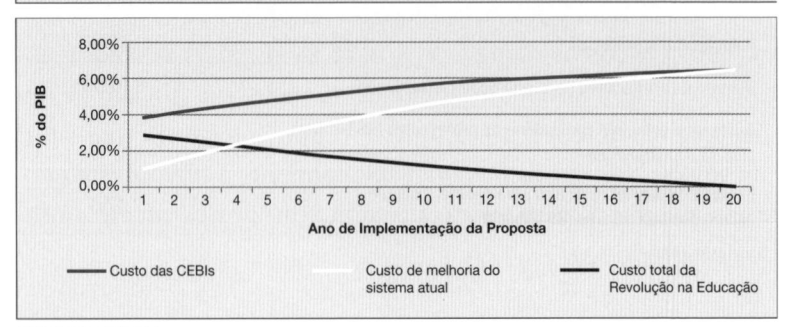

Custos da Revolução Republicana na Educação (% do PIB)

— Custo das CEBIs
— Custo de melhoria do sistema atual
— Custo total da Revolução na Educação

Elaboração própria.*

c) Em 20 anos pode-se fazer uma revolução na educação sem desrespeitar as restrições orçamentárias do governo.

Os quadros 2 e 3 abaixo trazem ainda os principais parâmetros usados na proposta. Essa explicitação é importante para mostrar o zelo e o cuidado feito na análise da viabilidade desta Revolução na Educação. Note-se que em função do período de análise (20 anos) há uma considerável sensibilidade dos resultados aos valores dos parâmetros. Adotam-se, sempre que necessário, valores conservadores e obtém-se um resultado robusto: é possível mudar radicalmente o ensino no Brasil, começando pela Educação Básica, elevando-a a padrões de qualidade internacional.

Quadro 2

Parâmetros, hipóteses, resultados – cálculos utilizados na proposta	
Custo por aluno para ter PISA de excelência nas CEBIs	9.000,00
Custo por Aluno para Melhorar o Sistema Tradicional	4.000,00
Salário médio pago aos professores (Escola Básica) – 2009	1.527,00
Taxa de crescimento do PIB de 2012 até 2031 (hipótese conservadora)	3,0%
Estimativa de crescimento real do PIB em 2011	4,0%
Inflação estimada para 2011	5,3%
PIB nominal 2010 (R$ trilhões)	3,675
PIB em dez./2011 (R$ trilhões)	4,017
Relação aluno/professor	30
Número de professores no 1º ano de implementação	116.667
Gasto total estimado com salário de professores (R$ bilhões), com 13,3 salários/ano	14,0
Recurso disponível no 1º ano para gastos, excluído salário dos professores (R$ bilhões)	17,5

Elaboração própria. *

Quadro 3

Cálculo do custo fixo – CEBIs (ano 1)	
Número de alunos (milhões)	3,5
Número de cidades (CEBIs)	200
Número de alunos/CEBI	17.500
Número de alunos/Escola Ideal	1.200
Número de Escolas Ideais/CEBI	15
R$ milhões/por escola	3,00
Custo por CEBI (R$ milhões)	43,8
Custo fixo total (R$ bilhões)	8,8
Número de escolas	2.917

Elaboração própria.*

O texto a seguir traz, com detalhes, as motivações para a proposta e suas fases de implementação. Analisa também os impactos que um sistema educacional de qualidade trará para o Brasil.

PARTE I: O QUADRO

1. Introdução

1.1 Um país em risco

A história dos países com elevados padrões de civilização está claramente dividida entre o período anterior e posterior à universalização da qualidade escolar. Os países europeus mais desenvolvidos, que a partir do século XIX fizeram suas reformas educacionais, são exemplos disso.

Nesses países, a revolução coincide com os meados do século XIX, quando os países hoje mais avançados fizeram suas revoluções, como França, Alemanha, Inglaterra e os países escandinavos. Há até 150 anos, a Itália não era um país, apenas um conjunto de pequenos estados; foi a escola que unificou o conjunto e construiu uma Nação, levando as crianças a falar o mesmo idioma. Não por coincidência, foram os países avessos a essas revoluções que até recentemente se mantiveram à margem do desenvolvimento, como Portugal, Irlanda e Espanha. E foi a reorientação desses países, a partir dos anos 1970, que lhes permitiu o salto dado recentemente.

Os EUA, desde o início, criaram centros de ensino superior e deram boa educação, inicialmente aos filhos da elite, logo depois a toda a população. A libertação dos escravos coincide com a abertura de escolas para os libertos. Os estados do Sul, com segregação racial, se mantiveram atrasados com relação aos do Norte até a grande revolução, que aconteceu quando as escolas de brancos se abriram para os negros.

Nos anos 1950, a Finlândia era um país pobre, recém-

-derrotado em guerra contra a URSS, recebendo ajuda da ONU para alimentar sua população. A revolução educacional feita a partir daquele momento a transformou em um centro industrial de bens de alta tecnologia, com uma das maiores renda *per capita* do mundo (US$34.585). Japão, Coreia, Malásia e Cingapura são exemplos de como superar as dificuldades e o atraso educando com qualidade todas as suas crianças. Nos anos 1960, a Coreia tinha renda *per capita* equivalente à metade da brasileira (US$900 para a Coreia, US$1.800 para o Brasil); hoje tem o triplo (US$30.200 contra nossos US$10.900).

Foi graças à revolução educacional que aqueles países fizeram suas revoluções sociais, derrubaram o *muro da desigualdade* que dividia suas sociedades e o *muro do atraso* que os separava dos países com economia, sociedade e modelos civilizatórios avançados.

Nenhum país se desenvolveu sem educar sua população. Não apenas porque a educação é instrumento fundamental do crescimento econômico, mas também porque população educada é, em si, símbolo de progresso e civilização. Isso é ainda mais verdade neste novo século, no qual o principal recurso econômico é o conhecimento. A Revista *The Economist* afirma que "agora, o investimento estrangeiro (capital internacional) passou a considerar a educação como vantagem comparativa fundamental".[1]

A realidade política e econômica do mundo global não deixa espaço para uma revolução nos moldes antigos: estatizando a economia, fechando as fronteiras, executando planejamento estatal. As características do avanço técnico e científico não permitem entender a revolução como resultado da luta de classes dentro do processo produtivo. A sociedade moderna já não se divide entre capitalistas e operários, mas sim entre capi-

---
1 Revista *The Economist*, 22/04/2011.

talistas e operadores de um lado, usando capital-conhecimento, e massas excluídas de outro, sem o conhecimento necessário para o salto que os faça evoluir de operários para operadores.

Para que um país dê um salto econômico, social e cultural, ele deve se transformar em centro criador de capital-conhecimento. Os velhos sistemas de produção, cujo valor vem do capital-máquina, da quantidade de matéria-prima e de mão de obra, já não respondem pelo valor dos produtos modernos. É o acúmulo de conhecimento embutido no produto que lhe agrega valor.

O capital-conhecimento é produto dos centros criadores de ciência e tecnologia, que não se desenvolverão sem a cooperação entre empresas e universidades. Por sua vez, esses centros só contarão com o potencial intelectual da sociedade se receberem alunos bem preparados pela Educação de Base. O total potencial de inteligência da sociedade não será atingido se a Educação de Base com qualidade deixar uma única criança de fora. Por isso, um país só aproveita e desenvolve seu potencial de capital-conhecimento se todas as suas crianças estiverem em escolas de qualidade, desde as primeiras séries do Ensino Fundamental, até o final do Ensino Médio.

No século XXI, vive-se um sistema mais próximo da apartação, o **apartheid** social, do que do **desenvolvimento dual** dos anos 1960 do século XX. É como se uma *cortina de ouro* dividisse a humanidade, cortando cada país em dois: uma parte educada e rica, e outra pobre e sem educação.

A única maneira de derrubar a *cortina de ouro*, ou de saltá-la, será educando as pessoas do lado excluído.[2]

Mas insistimos no velho conceito de vantagem comparativa baseada na terra, nos incentivos fiscais, na taxa de juros atrativa. Preferimos nos manter dependentes da vantagem

---

2 Ver **A Cortina de Ouro**. Buarque, Cristovam. Paz e Terra, 1994.

comparativa determinada pela qualidade do solo, produzindo açúcar, café, algodão, ouro, ferro, soja.

Figura 2

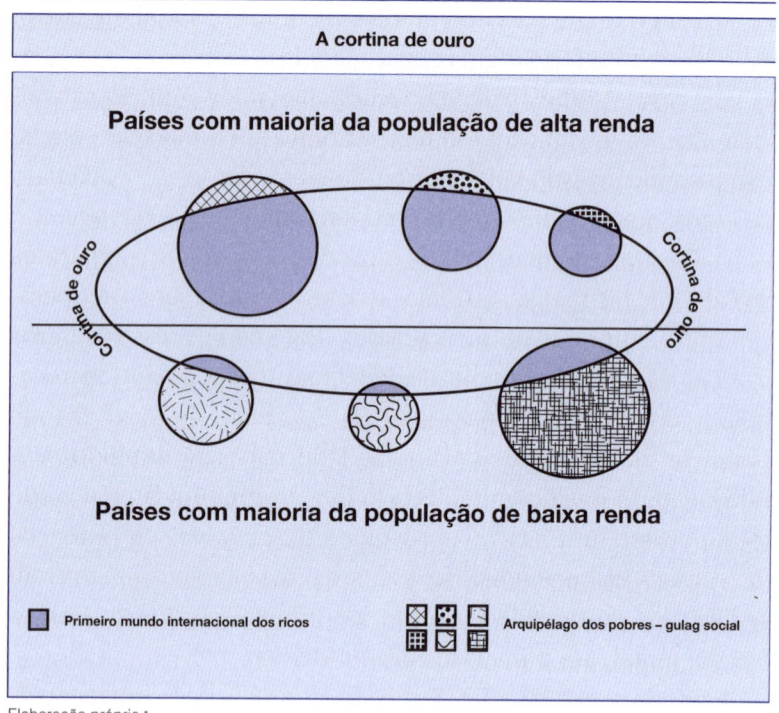

A cortina de ouro

Países com maioria da população de alta renda

Cortina de ouro

Países com maioria da população de baixa renda

☐ Primeiro mundo internacional dos ricos   ▦ Arquipélago dos pobres – gulag social

Elaboração própria.*

O Brasil continua se negando a fazer sua revolução educacional. Mantém sua sociedade dividida, continua atrasado segundo todos os indicadores sociais. O resultado é um país dividido, atrasado, internacionalmente dependente e vulnerável. O Brasil precisa fazer sua revolução, derrubar seus muros. A única possibilidade é fazê-la educando sua população: com uma revolução na Educação de Base, uma "refundação" da universidade e a construção de um forte aparelho científico e tecnológico.

Em janeiro de 2009, em Maragogi, Alagoas, fui apresentado a dois jovens senhores europeus que estavam no estado para fazer novos investimentos. Logo de início disseram ter desistido, por falta de mão de obra qualificada. Perguntei qual era o ramo de seus negócios e um deles disse: "Somos criadores de cavalos". Imaginei que buscavam no Brasil o baixo custo da terra, como desde a Colônia. Perguntei que qualificação profissional exigiam dos trabalhadores que cuidariam dos cavalos. Com muita naturalidade, me explicaram: "Nossos cavalos valem dois, três, quatro milhões de reais. Não podemos deixá-los nas mãos de trabalhadores que não leiam, nem entendam com detalhes as bulas dos remédios, que são escritas em inglês, porque os remédios são importados. Nossos cuidadores de cavalos são veterinários ou profissionais com formação técnica de nível médio, na área de zootecnia. Além disso, o acompanhamento de cada cavalo é feito em tempo real, de Lisboa. Precisamos de trabalhadores familiarizados com os *softwares* e com o uso da internet.

Essa história demonstra a necessidade de educação no mundo moderno. É por essa mesma razão que a revista *Exame* estampou na capa,[3] em grandes letras, "Procuram-se oito milhões de profissionais". Na matéria, lemos que "caso o país mantenha, até 2015, um crescimento médio de 4,6% ao ano, será preciso um adicional de oito milhões de pessoas – o equivalente a toda a população da Áustria – educadas e qualificadas para assumir funções cada vez mais sofisticadas". E que entre as empresas, a disputa por gente nunca foi tão grande.

A disputa decorre de quatro fatores: primeiro, porque nunca a qualificação profissional foi tão importante para a produção; segundo, porque a qualificação de hoje depende de boa base educacional, o que o Brasil não tem; terceiro, porque

---

[3] Revista *Exame* 06/04/2011.

a falta de consciência brasileira sobre a importância da educação faz com que nossa oferta esteja abaixo do necessário; quarto, porque mesmo a qualificação, insuficiente, se dá em áreas diferentes daquelas de que a economia mais precisa.

Mesmo com ligeiras melhoras, a educação brasileira vem provocando um apagão intelectual. Existe uma brecha entre uma evolução linear da Educação de Base e as exigências de educação que crescem exponencialmente em todo o mundo.

Figura 3

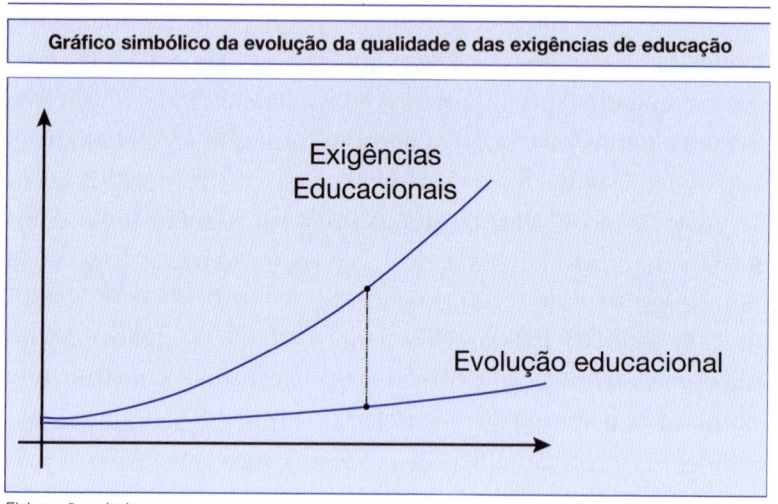

Gráfico simbólico da evolução da qualidade e das exigências de educação

Elaboração própria.

Nos últimos meses, a mídia, os setores empresariais e líderes políticos incluindo a própria presidenta Dilma têm manifestado preocupação com esse apagão. Mas têm se concentrado na necessidade de formação profissional, em escolas técnicas, que fracassarão se os alunos não tiverem tido um bom Ensino Fundamental. Recentemente, diversos dirigentes de programas para formação de profissionais têm reclamado da dificuldade de cumprir seus programas, por causa da quantidade de jovens e adultos analfabetos funcionais.[4] Esse é um caso extremo de despreparo, mas hoje, para ser um bom técnico, além de ler o aluno precisa de conhecimentos de matemática, e um mínimo de familiaridade com informática e idiomas estrangeiros.

Só isso seria suficiente para mostrar que o Brasil está em sério risco de ver interrompido seu projeto de grande e moderna nação na economia. Mas, além disso, a pouca educação que tem o Brasil está mal distribuída, ameaçando e pondo em risco nossa estabilidade social em algum momento no futuro.[5]

Hoje o Brasil é um país em risco de sucumbir no apagão intelectual, científico e técnico, por falta de Educação de Base com qualidade para toda a sua população. O quadro é de uma tragédia anunciada. Se houvesse uma guerra contra o Brasil, a estratégia mais eficaz do inimigo seria fazer o que estamos fazendo há décadas: destruir a capacidade intelectual de nosso povo.

Este texto concentra suas análises e propostas no campo da Educação de Base: o principal vetor do progresso econômico e do salto social possível e desejável para construir uma utopia educacionista para o Brasil no século XXI.

1.2 A utopia educacionista

No mundo e no Brasil, o risco de catástrofe é visível sob diversos pontos: o aquecimento global e os limites físicos ao crescimento da economia; a desigualdade que cresce a ponto de ameaçar o sentimento de semelhança entre os seres

---

[4] Um comentário a esse respeito foi feito ao autor deste texto pelo Secretário de Estado Adjunto de Trabalho e Emprego de Minas Gerais, Helio Rabelo.

[5] Em abril de 1983, uma equipe de especialistas escreveu um texto simples, bem escrito e bem formatado, sobre a educação nos EUA, com o título de ***Uma Nação em Risco***. Naquele momento, o documento teve grande impacto e serviu para despertar as lideranças e a população norte-americanas para reorientar a educação básica daquele país, que vinha perdendo qualidade. O original pode ser encontrado no ***http://www2.ed.gov/pubs/NatAtRisk/risk.html***

humanos; a incapacidade nacional de se proteger contra as vulnerabilidades financeira, econômica, demográfica, sanitária, provocadas pela globalização; a dispersão de armas químicas e nucleares. Sofremos, além disso, da falta de projetos utópicos, aliada a lideranças políticas sem propostas, prisioneiras do imediatismo, das pesquisas de opinião pública e do *marketing* político, em um mundo que já é global sem deixar de ser nacional. O Brasil e o mundo precisam de uma utopia.

Só a educação pode incorporar as massas excluídas e fazer do Brasil um centro gerador de capital-conhecimento e uma sociedade justa, pelo acesso igual ao instrumento que permitirá a ascensão social de todos os que se esforçarem. E o ponto de partida é a Educação de Base. O que transforma um operário em operador e o inclui na modernidade é seu grau de conhecimento para operar os modernos equipamentos produtivos, para falar a língua do mundo e das máquinas de hoje. O que exclui os operários forçados ao desemprego é a falta de acesso à educação.

Os vetores para essa revolução são baseados em: (i) *educação para todos, com a máxima qualidade* até o final do Ensino Médio, para assegurar a mesma chance entre classes sociais; (ii) *equilíbrio ecológico* para construir um modelo de desenvolvimento sustentável que assegure a mesma chance entre gerações, e (iii) a construção de um potente *sistema científico e tecnológico*, capaz de fazer do Brasil um centro de produção e acúmulo do capital-conhecimento.

A base necessária para essa revolução está na *eficiência* social, política, econômica, gerencial, essencial para o Brasil dar os passos necessários à retomada do crescimento econômico e do equilíbrio de suas contas públicas, fazer funcionar seu sistema de saúde pública, superar os apagões na infraestrutura, assegurar sistemas políticos e jurídicos confiáveis, manter a estabilidade monetária.

Além dessa base onde os dois vetores agirão, o Brasil precisa de medidas emergenciais para enfrentar pelo menos três problemas imediatos: o *desemprego* e a *exclusão social*, a *violência* e a *insegurança*, a *corrupção* e a *impunidade*.

O conjunto desses princípios pode ser chamado de educacionismo.[6]

Figura 4

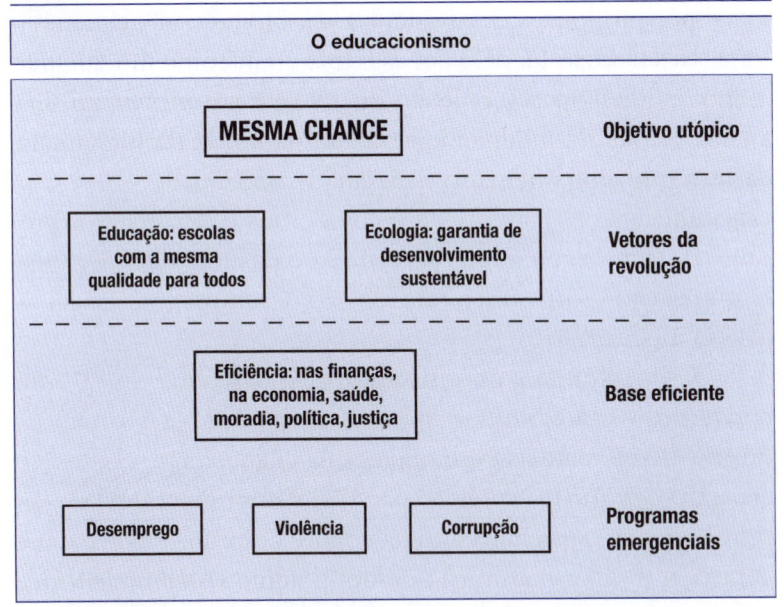

O educacionismo	
MESMA CHANCE	Objetivo utópico
Educação: escolas com a mesma qualidade para todos / Ecologia: garantia de desenvolvimento sustentável	Vetores da revolução
Eficiência: nas finanças, na economia, saúde, moradia, política, justiça	Base eficiente
Desemprego / Violência / Corrupção	Programas emergenciais

Elaboração própria *

A utopia não está mais na ilusão da igualdade da renda e do consumo, ecologicamente impossível, salvo por um modelo autoritário que limite o consumo por baixo. Para manter a utopia da liberdade, com o equilíbrio ecológico e a busca da igualdade, a alternativa seria definir um limite superior para o con-

---
6 **O que é Educacionismo**. Buarque, Cristovam, São Paulo: Brasiliense, 2007.

sumo que depreda o meio ambiente, e um limite inferior que assegure a cada pessoa o mínimo necessário à sua subsistência, ao mesmo tempo que se tolera um nível de desigualdade decorrente do talento, da perseverança e da vocação de cada um. Entre os limites, uma escada de ascensão social é oferecida a todos: *a escola de qualidade igual para todos*. Pode-se considerar que a escada de ascensão social deve começar abaixo do limite social inferior. Mas neste texto, a opção foi considerar que esse limite represente a linha de sobrevivência, garantida a todos por programas de assistência social.

Nesse vazio ideológico, este texto tem como fundamento teórico e ideológico o objetivo de assegurar *a mesma chance* a cada brasileiro, independentemente da renda da sua família, da raça que tenha herdado e da cidade onde viva.

Figura 5

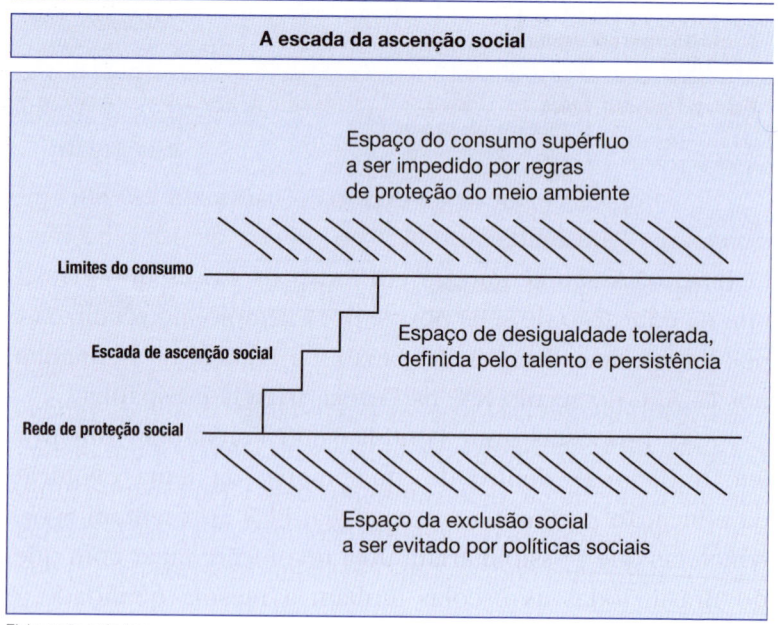

A escada da ascenção social

- Limites do consumo
- Espaço do consumo supérfluo a ser impedido por regras de proteção do meio ambiente
- Escada de ascenção social
- Espaço de desigualdade tolerada, definida pelo talento e persistência
- Rede de proteção social
- Espaço da exclusão social a ser evitado por políticas sociais

Elaboração própria.*

Se cada chinês e cada indiano passassem a consumir o mesmo que um norte-americano, seria preciso aumentar em 2,3 vezes o PIB mundial, o que seria impossível por falta de energia, recursos naturais e até por falta de atmosfera. A tabela abaixo apresenta os resultados dessa simulação.

Quadro 4

Simulação do impacto do consumo potencial da China e da Índia – 2008				
	EUA	China	Índia	Mundo
Produto Interno Bruto, PIB (US$ milhões)	14.591.381	4.326.996	1.159.171	60.521.123
PIB *per capita* – 2008 (US$)	47.982,18	3.266,40	1.016,82	9.036,65
Consumo como % do PIB (ótica da demanda)	71	34	54	61
(Despesas de) consumo privado – 2008 (US$ milhões)	10.359.880,51	1.471.178,64	625.952,34	36.917.885,03
Consumo privado *per capita* – 2008 (US$)	34.067,35	1.110,57	549,08	5.512,35
População (milhões) – 2008	304,1	1.324,70	1.114,0	6.697,30

Fonte: Banco Mundial.
Elaboração própria.*

A simples evolução da educação não faz a modificação necessária. Para mudar, a educação precisa de um salto revolucionário. Assim aconteceu em todos os países que investiram na educação de seus povos: por exemplo, no século XIX, nos países escandinavos, no Japão, na França, na Alemanha, nos EUA; e no século XX, na Coreia, Irlanda e Espanha.

As propostas aqui contidas não constituem um projeto tradicional, dentro do atual marco da lenta evolução da educação para mitigar a tragédia. Elas apresentam ações concretas que possibilitariam uma revolução: fazer com que, no Brasil, todas as escolas tenham a mesma qualidade, e garantam educação de qualidade igual para todos os brasileiros, equivalente à educação com a máxima qualidade dos países bem educados.

Essa revolução seria iniciada de imediato (dois anos), por cidades, enquanto se evolui o sistema nas demais cidades. Ao longo de 20 anos, as cidades revolucionadas teriam se espalhado, até todo o sistema educacional brasileiro apresentar as condições ideais.

2. A tragédia da educação brasileira

2.1 O baixo desempenho

A primazia absoluta da economia criou a expressão "década perdida" para definir a falta de crescimento econômico nos anos 1980 do século XX. Mas ela escamoteou um século inteiro de educação que a população brasileira perdeu, ao longo da história republicana. Tivemos um "século perdido" em comparação a outros países, que aproveitaram o século XX para dar um salto na educação de seus povos. Entramos no século XXI enfrentando uma tragédia educacional.

Quadro 5

A educação básica no Brasil – Brasil, 2009 (1.000)			
Faixa etária	População	Estudantes	Taxa de escolarização % [1]
4 ou 5 anos	5.611	4.197	74,8
6 a 14 anos	30.430	29.700	97,6
15 a 17 anos	10.158	8.655	85,2
18 a 24 anos	23.373	7.082	30,3
25 anos ou mais	113.157	5.771	5,1

Fonte: IBGE / PNAD 2009.
Nota: 1. Percentagem de estudantes de um grupo etário em relação ao total de pessoas do mesmo grupo etário.

Quadro 6

Número de alunos por dependência administrativa – Brasil, 2009 (1.000)					
	Federal	Estadual	Municipal	Particular	Total
Alunos	217	20.737	24.315	7.309	52.580

Fonte: MEC/Inep/Deed. Censo Escolar 2009/Sinopse do Professor 2009.

Quadro 7

Número de professores por dependência administrativa – Brasil, 2009 (1.000)					
	Federal	Estadual	Municipal	Particular	Mais de uma dependência administrativa	Total
Professores	14	554	850	350	209	1.977

Fonte: MEC/Inep/Deed. Censo Escolar 2009/Sinopse do Professor 2009.

Quadro 8

Relação aluno/professor por dependência administrativa – Brasil, 2009 (%)					
	Federal	Estadual	Municipal	Particular	Total
Relação aluno/professor	13,7	28,6	24,2	16,8	26,6

Fonte: MEC/Inep/Deed. Censo Escolar 2009.

Quadro 9

Número de estabelecimentos de Ensino Básico, por responsabilidade de nível federativo – Brasil, 2009					
	Federal	Estadual	Municipal	Particular	Total
Estabelecimentos	300	32.400	129.100	35.700	197.500

Fonte: MEC/Inep/Deed. Censo Escolar 2009.

Quadro 10

Escolas públicas sem equipamentos adequados Brasil, 2009 (%)		
	Ensino Fundamental	Ensino Médio
Biblioteca	28	9
Laboratório de informática	36	8
Laboratório de ciências	-	44
Quadra de esportes	40	19
Internet	28	8
TV com VCR ou DVD	8	2

Fonte: MEC/Inep/Deed.
Elaboração própria.*

Quadro 11

Alunos da Educação Básica em escolas públicas sem infraestrutura – Brasil, 2009 (%)	
	Ensino Médio
Sem água filtrada própria para consumo	9,9
Sem abastecimento de água por rede pública	13,6
Sem esgotamento sanitário por rede pública	39,4
Sem coleta de lixo	9,2

Fonte: IBGE/PNAD 2009.

A consequência dessa realidade é que nossas crianças atravessam sua vida educacional como se passassem por um funil da exclusão, da desigualdade e do atraso. Da exclusão, porque menos de 40% das crianças terminam o Ensino Médio; da desigualdade, porque o acesso é completamente diferente conforme a renda familiar; do atraso, porque o potencial de pelo menos 60% é deixado para trás, ao longo do caminho educacional. Certamente mais do que isso porque, entre os que concluem o Ensino Médio, no máximo metade teve uma Educação de Base minimamente satisfatória para as exigências do mundo contemporâneo. É um funil da exclusão social e da perversão política que permitiu o atual quadro e o mantém.

O quadro a seguir retrata a distribuição momentânea de alunos em 2008, embora não indique que este seja o fluxo a ser seguido a partir de hoje. Mas a repetição desse quadro ao longo dos últimos anos permite considerar que o retrato de hoje é o filme dos próximos anos, se uma revolução não for feita.

Figura 6

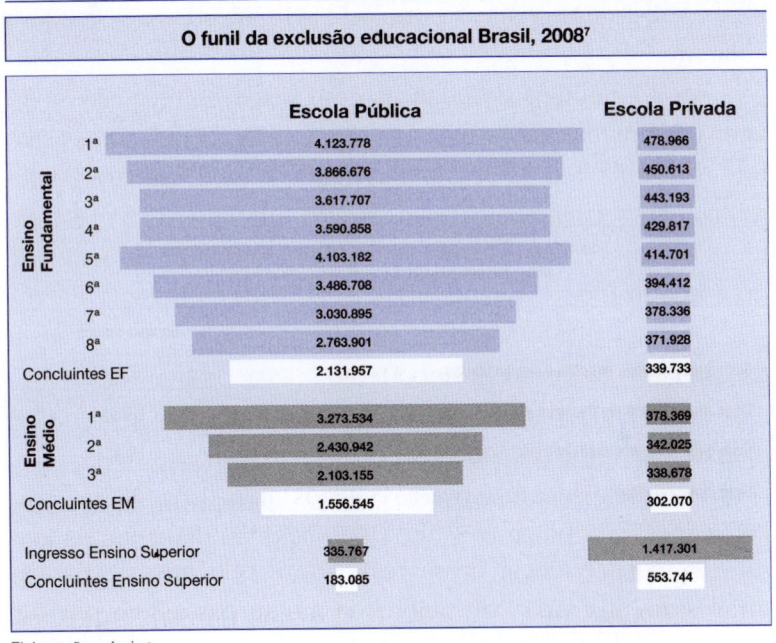

		Escola Pública	Escola Privada
O funil da exclusão educacional Brasil, 2008[7]			
Ensino Fundamental	1ª	4.123.778	478.966
	2ª	3.866.676	450.613
	3ª	3.617.707	443.193
	4ª	3.590.858	429.817
	5ª	4.103.182	414.701
	6ª	3.486.708	394.412
	7ª	3.030.895	378.336
	8ª	2.763.901	371.928
Concluintes EF		2.131.957	339.733
Ensino Médio	1ª	3.273.534	378.369
	2ª	2.430.942	342.025
	3ª	2.103.155	338.678
Concluintes EM		1.556.545	302.070
Ingresso Ensino Superior		335.767	1.417.301
Concluintes Ensino Superior		183.085	553.744

Elaboração própria.*

Esse funil mostra a tragédia nacional, principalmente se considerarmos que o Brasil tem:

• 27% de suas crianças entre cinco e seis anos fora da escola,

• 13.9 milhões de analfabetos com mais de 15 anos, e 1,8 milhão têm entre sete e 14 anos de idade, e

---
[7] Elaboração própria a partir de dados do MEC/INEP.

• Quase 37 milhões (19%) incapazes de ler ou escrever, apesar de terem sido formalmente alfabetizados.

Além disso, é preciso analisar outros dados da tragédia.[8]

• 66% das crianças com até seis anos de idade não estão matriculadas em creche ou pré-escola.

• A frequência à escola de crianças com até cinco anos de idade varia, conforme a renda familiar, de 30% (os mais pobres) a 55% (os mais ricos).

• 2,4% das crianças entre seis e 14 anos jamais se matricularam.

• 2,1 milhões de crianças com idade entre quatro e 14 anos e 1,5 milhão de jovens com idade entre 15 e 17 anos estão fora da escola. Em 2006, esses números eram 2,9 milhões e 1,8 milhão, respectivamente, o que mostra um baixíssimo grau de melhora na situação da matrícula – sem considerar a qualidade do aprendizado.

• Somente 50,9% dos adolescentes entre 15 e 17 anos estão matriculados no Ensino Médio.

• 150 mil crianças entre cinco e nove anos de idade, e 1,5 milhão entre 10 e 14, ainda precisam trabalhar.

• Cerca de um terço (34%) dos alunos brasileiros não conseguem completar o 5º ano do Ensino Fundamental na idade adequada (10 anos).

• Apenas cinco em cada 10 dos alunos matriculados terminam o Ensino Fundamental.

• Cerca de 60 milhões de jovens e adultos não concluíram o Ensino Fundamental.

• Entre os adolescentes entre 15 e 17 anos mais pobres, 20% já deixaram a escola. Essa proporção cai para 7% entre os adolescentes mais ricos.

---

8 Elaboração própria a partir de dados divulgados recentemente pela UNESCO, OCDE, MEC/INEP, IBGE/PNAD.

- 2,7 milhões dos brasileiros com até 17 anos (19%) não frequentam a escola por falta de vaga ou transporte escolar. Outros 900 mil (6%) não estudam porque precisam trabalhar.
- 50,2% dos brasileiros não concluíram o Ensino Fundamental, e apenas 34% dos brasileiros concluíram o Ensino Médio, nem todos seguindo o ensino formal.
- 34,2% dos alunos do 5º ano (antiga 4ª série) dominam as habilidades elementares de português. Em matemática, a situação é ainda pior: 32,6% dos alunos estão no 5º ano sem terem adquirido as competências e habilidades necessárias.
- Entre 57 países investigados, o Brasil ficou em 54ª posição no *ranking* que mede o desempenho de matemática, em 49º no de leitura e em 52º no de ciências.
- 13% das crianças entre 10 e 14 anos de idade têm pelo menos dois anos de atraso escolar.
- Apenas quatro em cada 10 que se matricularam na 1ª série do Ensino Fundamental terminam o Ensino Médio, seis são deixados para trás. Destes, no máximo a metade – 15 a 18% do total – recebe uma educação básica minimamente satisfatória para enfrentarem o mundo moderno.
- A média salarial dos professores do Ensino Básico é de R$1.527, mas 16 estados pagam menos do que esse valor.
- Quase metade (48%) dos professores sofrem da síndrome da desistência (***Burnout***): não reconhecem o próprio papel de motor da evolução do aluno.

Depois de terem sido excluídas seis de cada 10 crianças brasileiras ao longo da Educação de Base, quase todos os que conseguem ultrapassar o Ensino Médio conseguem vaga no Ensino Superior, seja em faculdade pública ou particular. Por isso, os cursos superiores recebem alunos sem a qualificação necessária. É óbvio que, nessas condições, o Ensino Superior perde um enorme potencial: além dos seis cérebros que ficam excluídos, deixados para trás, menos da metade dos que entram no Ensino Superior tem formação que lhes permitirá seguir um bom curso universitário. O Ensino Superior fica, portanto, comprometido.

Diferentemente dos outros países, onde quase todos terminam a Educação de Base e apenas parte consegue frequentar o Ensino Superior, no Brasil a exclusão é ao longo da Educação de Base. Esse é mais um exemplo de que o Brasil cuida primeiro do topo, para depois, um dia, cuidar da base da pirâmide social. Diferente de países onde *todos* terminam o Ensino Médio, mas enfrentam um processo que seleciona com rigor aqueles que darão o salto para o Ensino Superior. Além disso, a Figura 6 mostra a injustiça de que os alunos das escolas particulares migram para as faculdades estatais, gratuitas e de melhor qualidade, enquanto os que saem das escolas públicas migram para as faculdades particulares, pagas e, muitas vezes, de qualidade inferior.

Além da tragédia nacional que representa esse perfil da exclusão, outra consequência negativa direta já está no custo e fracasso dos programas de educação de jovens e adultos. Com a simples necessidade de recuperar o que não foi feito no tempo certo, o Brasil gasta atualmente R$11,5 bilhões anualmente nos diversos programas de Educação de Jovens e Adultos – EJA, e sem obter os resultados satisfatórios.

Não se deve esquecer, também, o custo elevado devido à repetência. Diversos cálculos estimam um custo de R$10,6 bilhões por ano devido à repetência. Esse é o custo financeiro, muito menor do que o social, psicológico, econômico, da defasagem de alunos, deslocados etariamente, na companhia de colegas muito mais jovens. Ainda pior quando alguns dirigentes governamentais resolvem o problema da repetência com a chamada *promoção automática*.

2.2 A desigualdade abismal

Além de atrasada, pobre e incompetente, a educação no Brasil é uma fábrica de desigualdade. Em vez de criar identidade e integração nacional, a educação tem sido uma poderosa criadora de desigualdade, dependendo da renda familiar, do nível de escolarização de seus pais ou da cidade onde a criança viva. As chances de frequentar a escola são melhores para crianças brancas, de renda média ou alta, residentes no Sudeste, Centro-Oeste ou Sul, cujas mães possuem alto nível de escolarização. Para as demais, as chances de estudar e aprender são mínimas. Como resultado, temos milhões de brasileiros que simplesmente abandonam a escola, abrindo mão do seu futuro e das chances de uma vida digna, enquanto outros estudam por longos anos, em escolas de qualidade. O funil da exclusão é também um funil da desigualdade.[9]

Todas as crianças fora da escola são filhas de pobres.

Na escola pública, quase todos são de família pobre ou de classe média baixa. De cada 100 que iniciam a 1ª série, metade abandona a educação antes de concluir o Ensino Fundamental; e quase 70 abandonam a escola antes de terminar o Ensino Médio.

Na escola privada, ao contrário, mais de 70 terminam o fundamental, e 63 chegam ao final do Ensino Médio. A desigualdade social fica ainda mais visível quando analisamos os alunos do ensino particular por classe social, considerando que há escolas privadas baratas frequentadas por camadas pobres, e esses também ficam para trás.

---

[9] Ver livro **O Berço da Desigualdade**, Salgado, Sebastião e Buarque, Cristovam. Brasília: UNESCO, Fundação Santillana, 2005, 2ª edição 2006.

No Brasil, uma pessoa de classe média/alta e alta recebe em média, com recursos privados ou públicos, um total de R$200 mil a R$250 mil para sua educação da pré-escola à universidade, entre os quatro e os 24 anos de idade; desse valor, a Educação de Base é financiada pelas famílias, enquanto o Ensino Superior é pago pela União. Enquanto isso, uma criança de classe pobre recebe em média um total de R$15 mil entre os 7 e os 12 anos, quando abandona a escola. Essa talvez seja a mais vergonhosa desigualdade brasileira, porque é a mãe de todas as demais desigualdades. Ainda mais grave: os primeiros têm em média seis horas diárias de atividades educacionais, para os outros a média não chega a três horas por dia.

Outros indicadores de desigualdade:

Quadro 12

Probabilidade da escolaridade do filho em relação à dos pais (%) – Brasil, 1996									
		Anos de estudo dos filhos							
		0	2	4	6	8	10	11	13	16
Anos de estudo dos pais	0	33,9	23,7	18,5	10,7	5,7	1,7	4,2	0,7	1,1
	2	9,0	19,2	22,4	17,5	11,4	3,2	11,4	2,0	4,0
	4	2,8	5,9	15,7	15,5	15,2	6,0	22,0	5,5	11,6
	6	1,4	5,5	6,6	17,3	13,2	8,5	25,8	7,7	14,2
	8	1,4	2,4	4,1	8,7	13,7	6,1	28,8	10,4	24,4
	10	0,0	1,3	1,7	8,6	8,5	7,5	32,0	9,7	30,9
	11	0,4	1,2	1,8	5,1	6,5	5,1	32,6	11,8	35,8
	13	0,0	1,5	3,0	4,7	9,7	3,1	25,9	13,3	38,8
	16	08	0,7	0,9	2,7	3,8	2,0	16,2	13,0	60,0

Fonte: Velloso e Ferreira (2003) a partir da PNAD 1996/IBGE.

Quadro 13

Desigualdades na escolarização da população brasileira de 15 ou mais anos de idade, por região e por cortes distintos – Brasil, 2005 e 2009							
	2005			2009		
	Brasil: 7 anos			Brasil: 7,5 anos		
Média de anos de estudo		Desigualdade em anos de estudo	Desigualdade relativa (%)		Desigualdade em anos de estudo	Desigualdade relativa (%)
	Nordeste: 5,6 anos Sudeste: 7,7 anos	2,1 anos	37,5	Nordeste: 6,3 anos Sudeste: 8,2 anos	1,9 ano	30,2
	Rural: 4,2 anos Urbana: 7,5 anos	3,3 anos	78,6	Rural: 4,8 anos Urbana: 8,0 anos	3,2 anos	66,7
	Preta/Parda: 6,0 anos Branca: 7,8 anos	1,7 ano	28,3	Preta/Parda: 6,7 anos Branca: 8,4 anos	1,7 ano	25,4
	20% + pobres 4,6 anos 20% + ricos 10,1 anos	5,5 anos	119,6	20% + pobres 5,3 anos 20% + ricos 10,5 anos	5,2 anos	98,1
	Homens 6,8 anos Mulheres 7,1 anos	0,3 ano	4,4	Homens 7,4 anos Mulheres 7,7 anos	0,3 ano	4,1

Fonte: PNAD/IBGE/Síntese de Indicadores Sociais
Elaboração própria.*

Se mantiver esse ritmo – 0,5 ano a mais na escolaridade do brasileiro em cada quatro anos –, o Brasil levará quase 36 anos (em 2045) para ter sua população dos 4 aos 18 com 12 anos de escolaridade. Essa é uma marcha suicida.

Quadro 14

Persistência de elevado número de analfabetos de 15 anos ou mais, por região e cortes distintos — Brasil, 2005 e 2009

	2005			2009		
Taxa de analfabetos na população de 15 anos ou mais	15 milhões			14,1 milhões		
	Brasil: 11,1			Brasil: 9,7		
		Desigualdade em p.p.	Desigualdade relativa (%)		Desigualdade em p.p.	Desigualdade relativa (%)
	Nordeste: 21,9% Sudeste: 5,9%	16,0	73,1	Nordeste: 18,7% Sudeste: 5,7%	13,0	69,5
	Rural: 25% Urbana: 8,4%	16,6	66,4	Rural: 22,8% Urbana: 7,4%	15,4	67,5
	Preta/Parda: 15,4% Branca: 7,0%	8,4	54,5	Preta/Parda: 13,4% Branca: 5,9%	7,5	56,0
	20% + pobres: 20,7% 20% + ricos 2,1%	18,6	89,9	20% + pobres: 17,4% 20% + ricos: 2,4%	15,4	88,5

Fonte: IBGE/PNAD.
Elaboração própria.*

Nesse ritmo, alfabetizando um milhão de jovens e adultos a cada quatro anos, o Brasil precisará de 60 anos para erradicar o analfabetismo, o que é uma imensa vergonha.

Quadro 15

Indicadores da evolução do Ensino Fundamental Brasil, 2005 e 2009		
	2005	2009
Taxa de aprovação (%)*	72,9	74,6
Taxa de repetência (%)*	20,1	19,1
Taxa de evasão (%)*	7,0	6,3
IDEB**	Brasil: 3,8	Brasil: 4,6
IDEB Anos iniciais do ensino fundamental	Público: 3,6	Público: 4,4
	Privado: 5,9	Privado: 6,4
	Menor — AL: 2,5	Menor — PA: 3,6
	Maior — DF: 4,8	Maior — DF e MG: 5,6
IDEB Anos finais do ensino fundamental	Público: 3,2	Público: 3,7
	Privado: 5,8	Privado: 5,9
	Menor — AL: 2,4	Menor — AL: 2,9
	Maior — SC: 4,3	Maior — SC e SP: 4,5

**Fonte: Taxas de transição calculadas pelo Censo Escolar MEC/Inep de 2008.
**Fonte: Inep/MEC. O IDEB tem valores entre 0 e 10 e é calculado em anos alternados a partir de 2005. A meta a ser atingida em 2021 é 6,0 anos iniciais e 5,5 nos anos finais do ensino fundamental.
Elaboração própria*.

Quadro 16

Indicadores da evolução do Ensino Médio Brasil, 2005 e 2009				
		2005		**2009**
Taxa de aprovação*		67,1		66,3
Taxa de repetência*		22,6		23,1
Taxa de evasão*		10,4		10,7
Proporção de pessoas de 15 a 17 anos cursando o ensino médio (%)	Brasil: 45,3		Brasil: 50,4	
		Desigualdade relativa (%)		Desigualdade relativa (%)
	Preta/Parda: 35,6	59,0	Preta/Parda: 43,5	48,7
	Branca: 56,6		Branca: 60,3	
	Rural: 24,7	104,0	Rural: 35,7	52,4
	Urbana: 50,4		Urbana: 54,4	
	Nordeste: 30,1	90,7	Norte/Nordeste: 39,2	54,3
	Sudeste: 57,4		Sudeste: 60,5	
	20% + pobres: 22,5	232,0	20% + pobres: 32	143,4
	20% + ricos: 74,7		20% + ricos: 77,9	
Índice de Desenvolvimento da Educação Básica – IDEB*	Brasil: 3,4		Brasil: 3,6	
	Público: 3,1	80,6	Público: 3,4	64,7
	Privado: 5,6		Privado: 5,6	
	Pior — AM: 2,4	58,3	Pior — PI: 3,0	40,0
	Melhor — SC: 3,8		Melhor — PR: 4,2	

Fonte: IBGE/PNAD/Síntese de Indicadores Sociais.
* Fonte: MEC/Inep 2008.
** Fonte: Inep/MEC. O IDEB tem valores entre 0 e 10 e é calculado em anos alternados a partir de 2005.
Elaboração própria*.

O quadro acima resume os principais índices para uma análise do desempenho do Ensino Médio. Em particular, a coluna denominada "Desigualdade Relativa" mostra o quanto é preciso ser feito para atingir uma igualdade de oportunidades. Por exemplo, os 20% mais ricos têm uma proporção de pessoas de 15 a 17 anos cursando o Ensino Médio que é 232% maior do que a participação dos 20% mais pobres.

Nesse ritmo, de 5% a mais na taxa de conclusão do Ensino Médio a cada quatro anos, levaremos 40 anos para termos todos os alunos concluindo o Ensino Médio. Mais uma dose do veneno em direção ao suicídio.

2.3 Comparação internacional

O resultado desse quadro vergonhoso é que o Brasil tem um dos piores desempenhos médios em todo o mundo, como se vê nas tabelas a seguir, que refletem a avaliação feita pela Organização de Cooperação para o Desenvolvimento Econômico – OCDE, formada por países europeus e outros associados, para medir os resultados de questões postas a alunos desses países, em temas de matemática, ciências e leitura no seu próprio idioma.

Nessas condições, o Brasil não se transformará em produtor de capital-conhecimento, nesta época em que esse é o principal gerador de valor e riqueza, nem reduzirá a desigualdade social, em uma época em que a formação educacional é o vetor da igualdade de oportunidades.

Usaremos, em sessões posteriores, o desempenho do Brasil em leitura, no PISA, como um dos balizadores para o cálculo do salário do que chamaremos de professor federal, que será empregado pelo programa Cidades com Escola Básica Ideal.

Quadro 17

Ranking por desempenho no Programa Internacional de Avaliação Estudantil — PISA 2009					
Desempenho em					
ciências		leitura		matemática	
Finlândia	563	Coreia	556	Taipei	549
Hong Kong	542	Finlândia	547	Finlândia	548
Canadá	534	Hong Kong	536	Hong Kong	547
Taipei	532	Canadá	527	Coreia	547
Estônia	531	Nova Zelândia	521	Países Baixos	531
Japão	531	Irlanda	517	Suíça	530
Nova Zelândia	530	Austrália	513	Canadá	527
Austrália	527	Liechtenstein	510	Macau	525
Países Baixos	525	Polônia	508	Liechtenstein	525
Liechtenstein	522	Suécia	507	Japão	523
Coreia	522	Países Baixos	507	Nova Zelândia	522
Eslovênia	519	Bélgica	501	Bélgica	520
Alemanha	516	Estônia	501	Austrália	520
Reino Unido	515	Suíça	499	Estônia	515
República Tcheca	513	Japão	498	Dinamarca	513
Suíça	512	Taipei	496	República Tcheca	510
Macau	511	Reino Unido	495	Islândia	506
Áustria	511	Alemanha	495	Áustria	505
Bélgica	510	Dinamarca	494	Eslovênia	504
Irlanda	508	Eslovênia	494	Alemanha	504
Hungria	504	Macau	492	Suécia	502
Suécia	503	Áustria	490	Irlanda	501

Fonte: OCDE/ PISA — Program for International Student Assessment.

Quadro 17 - Continuação

Ranking por desempenho no Programa Internacional de Avaliação Estudantil — PISA 2009

Desempenho em					
ciências		leitura		matemática	
Polônia	498	França	488	França	496
Dinamarca	496	Islândia	484	Reino Unido	495
França	495	Noruega	484	Polônia	495
Croácia	493	República Tcheca	483	República Eslovaca	492
Islândia	491	Hungria	482	Hungria	491
Látvia	490	Látvia	479	Luxemburgo	490
EUA	489	Luxemburgo	479	Noruega	490
República Eslovaca	488	Croácia	477	Lituânia	486
Espanha	488	Portugal	472	Látvia	486
Lituânia	488	Lituânia	470	Espanha	480
Noruega	487	Itália	469	Azerbaijão	476
Luxemburgo	486	República Eslovaca	466	Rússia	476
Rússia	479	Espanha	461	EUA	474
Itália	475	Grécia	460	Croácia	467
Portugal	474	Turquia	447	Portugal	466
Grécia	473	Chile	442	Itália	462
Israel	454	Rússia	440	Grécia	459
Chile	438	Israel	439	Israel	442
Sérvia	436	Tailândia	417	Sérvia	435
Bulgária	434	Uruguai	413	Uruguai	427
Uruguai	428	México	410	Turquia	424

Fonte: OCDE/ PISA — Program for International Student Assessment.

Quadro 17 - Continuação

Ranking por desempenho no Programa Internacional de Avaliação Estudantil — PISA 2009					
Desempenho em					
ciências		leitura		matemática	
Turquia	424	Bulgária	402	Tailândia	417
Jordânia	422	Sérvia	401	Romênia	415
Tailândia	421	Jordânia	401	Bulgária	413
Romênia	418	Romênia	396	Chile	411
Montenegro	412	Indonésia	393	México	406
México	410	Brasil	393	Montenegro	399
Indonésia	393	Montenegro	392	Indonésia	391
Argentina	391	Colômbia	385	Jordânia	384
Brasil	390	Tunísia	380	Argentina	381
Colômbia	388	Argentina	374	Colômbia	370
Tunísia	386	Azerbajão	353	Brasil	370
Azerbaijão	382	Catar	312	Tunísia	365
Catar	349	Quirquistão	285	Catar	318
Quirquistão	322	USA	n/a	Quirquistão	311

Fonte: OCDE/ PISA — Program for International Student Assessment.

3. As consequências da tragédia

A consequência dessa tragédia é palpável: o Brasil não tem futuro. Porque o futuro de um país tem a cara do seu sistema educacional. O futuro de um povo está em como suas crianças são educadas. Ao nascer, cada criança é um tesouro. A educação é o meio para formar esse tesouro, até transformá-lo em um cidadão capaz de:

a) entender o mundo,

b) deslumbrar-se com suas belezas,

c) indignar-se com suas injustiças e ineficiências,

d) agir para fazê-lo melhor, mais justo, mais belo,

e) ter um ofício que lhe assegure um emprego e os instrumentos para transformar a realidade.

A escola, a família, a mídia e tudo o mais que cerca as crianças vão apurando o tesouro, fazendo dele um recurso pessoal e social, econômico, cultural, científico, tecnológico, participante, solidário. No Brasil, a escola pública está em ruínas; as famílias, desarticuladas; os meios de comunicação não têm compromisso com a educação; as cidades e o meio no qual a criança cresce não são educados, contaminam, não incentivam o educador nem permitem a competição entre os educados.

O abandono da educação de nossas crianças faz com que apenas 18% delas terminem o Ensino Médio com uma qualidade razoável. Assim, o Brasil segue destruindo seu tesouro, abandonando-o, deixando-o para trás no caminho da educação. É como se, a cada 100 poços de petróleo, o Brasil tapasse 82, baseando seu futuro em apenas 18[10]. O País fica sem futuro porque destrói seu maior potencial, em um tempo em que o

---

[10] Atribui-se a Golda Meir, uma das fundadoras e ex-primeira-ministra de Israel, a seguinte frase: "Felizmente, não temos petróleo, por isso somos obrigados a desenvolver nossa maior fonte de energia: o cérebro de nosso povo".

principal capital da economia é o conhecimento. O diagrama abaixo mostra as consequências da deseducação.

Figura 7

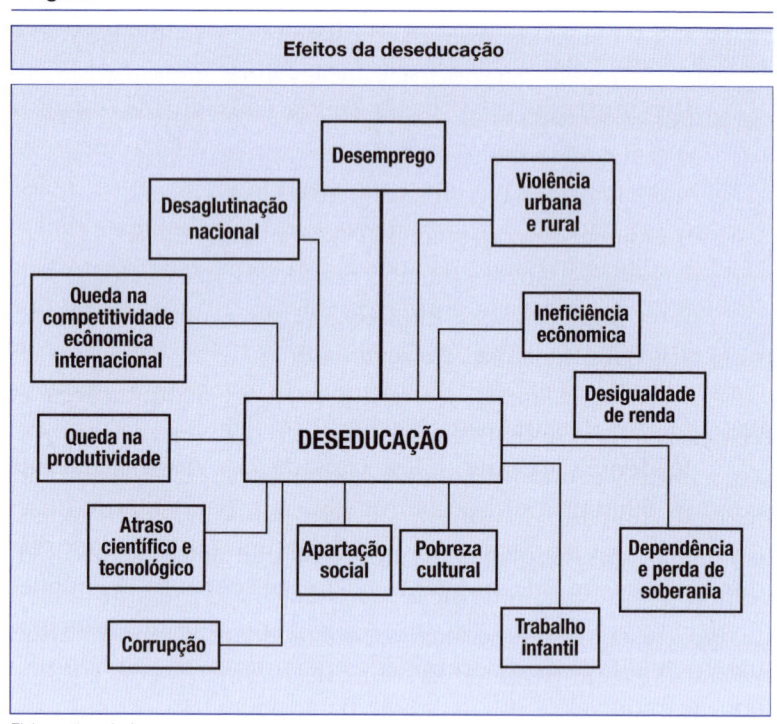

Efeitos da deseducação

- Desemprego
- Desaglutinação nacional
- Violência urbana e rural
- Queda na competitividade econômica internacional
- Ineficiência econômica
- Desigualdade de renda
- Queda na produtividade
- DESEDUCAÇÃO
- Atraso científico e tecnológico
- Apartação social
- Pobreza cultural
- Dependência e perda de soberania
- Corrupção
- Trabalho infantil

Elaboração própria.*

Até a década de 1980, era possível acreditar que esses problemas sociais do nosso país e dos demais países latino-americanos decorriam do subdesenvolvimento econômico. Mas hoje há outra explicação: o atraso educacional. O famoso livro ***Veias Abertas da América Latina***, de Eduardo Galeano, publicado em 1971, responsabiliza o subdesenvolvimento pelo saqueio de riquezas naturais do continente, realizado pelas nações colonizadoras e pelo sistema capitalista-imperialista. Na verdade, pior do que esse saqueio foi a condenação da América Latina à penúria educacional. Mais grave do que a hemorragia de ouro foi o constrangimento intelectual; mais do que as veias abertas, o Brasil e a América Latina foram condenados pelos neurônios tapados, por culpa não só dos colonialistas estrangeiros, mas sobretudo pela irresponsabilidade e egoísmo das elites nativas.[11]

Desemprego – No passado, era causado pela falta de investimentos, mas essa não é mais a causa. Atualmente, o investimento não cria empregos na proporção de antes, quase sempre podendo até reduzir postos; e para aqueles criados, exige qualificação para o uso dos equipamentos modernos. Em São Paulo, as agências de empregos recebem diariamente milhares de pessoas procurando trabalho; a maior parte sai sem conseguir uma posição, e muitas vagas ficam sem ser preenchidas, por falta de candidatos qualificados.

Violência urbana – Era causada por razões culturais, que nos diferenciavam de outros países, e pela falta de raízes provocada por grandes migrações do campo para a cidade. Todos acreditavam que cadeia, polícia e crescimento econômico reduziriam a violência. Hoje, a violência é causada principalmente pela falta de oportunidades decorrente da falta de uma educação universal de qualidade para todos.

Ineficiência econômica – Bastava qualificação profissional, garantida por cursos técnicos intensivos. Hoje, qualquer curso técnico exige, no mínimo, formação educacional de nível médio. Já passou o tempo em que um retirante nordestino, sem base educacional, se preparava em um curso do SENAI que lhe permitisse operar equipamentos industriais. Hoje, até mesmo os equipamentos agrícolas exigem um mínimo de capacitação em informática, até noções de inglês. Isso vale ainda mais para

---

11 Desenvolvi essa ideia no livro **O que é o Educacionismo**. São Paulo: Brasiliense, 2008. Coleção Primeiros Passos, 330.

o setor de serviços, como o turismo. Além disso, a eficiência econômica exige também um ambiente social educado.

Pobreza cultural – Acreditava-se que a cultura era uma consequência do desenvolvimento econômico, graças à infra-estrutura dada pela produção material. Isso era falso antes, e o é ainda mais agora, no mundo globalizado. Obviamente, todo povo tem uma riqueza cultural própria e autônoma, mas é uma cultura limitada, sem possibilidade de evoluir. Além disso, a cultura local tende a se desvanecer, submergida pela invasão cultural externa. Só um povo educado é capaz de manter sua cultura, interagir com as culturas externas e desenvolver seu padrão cultural.

Apartação social – Na economia dos países desenvolvidos, a desigualdade ocorria dentro da integração social. Décadas de importação de um modelo de desenvolvimento inadequado para países subdesenvolvidos provocaram um fenômeno mais radical do que a desigualdade: o *apartheid*. Sua forma mais expressiva foi na África do Sul, com a exclusão racial. No Brasil, existe um *apartheid* social, a apartação.[12] Essa situação não será resolvida pelo crescimento econômico no Brasil, como não foi o crescimento econômico que resolveu o *apartheid* na África do Sul. Lá, a renda não permitia a integração racial; aqui, a renda não chegará aos escalões inferiores, salvo nos mínimos valores de esmolas oficiais.[13] Só será possível quebrar o *apartheid* social com uma revolução educacional que assegure a todas as crianças uma escola com a mesma qualidade.

---

12 Ver do autor o livro **O que é Apartação: o *Apartheid* Social no Brasil**. São Paulo: Brasiliense, 1993. Coleção Primeiros Passos, 278.
13 A África do Sul derrubou o muro racial, mas no lugar está criando um muro social. Há uma "brazilianização" naquele país. O corte já não é por raça, mas por classe de incluídos e excluídos, independente de serem brancos ou negros, substituindo-se o *apartheid* pela *apartação*. No Brasil, ao contrário, a desigualdade vai forçando um *apartheid* pelo afastamento das pessoas, por meio de *shoppings* e condomínios. Ver **O que é Apartação : o *Apartheid* Social brasileiro**, obp. cit.

Baixos salários mínimo e médios – Está certa a economia quando diz que os baixos salários são decorrentes da baixa produtividade. Mas está errada quando reforça a velha crença de que a produtividade aumenta graças apenas aos equipamentos vindos do capital. A alta produtividade induzida pelo capital exige uma alta qualificação profissional vinda da educação de todos. Só uma radical revolução educacional será capaz de elevar a produção geral e de forçar o aumento dos salários mínimo e médio.

Desigualdade da renda – Na visão da economia, a desigualdade decorria de apropriação mais do capital (por meio do lucro) do que do trabalho (por meio do salário). No presente, a desigualdade se dá por causa da desigualdade no acesso ao conhecimento. Um profissional bem educado e qualificado tem hoje um padrão de vida próximo ao do dono de sua empresa, e muito diferente daquele dos trabalhadores sem qualificação.

Dependência e perda de soberania – Não é mais o fato de dispor de indústrias que garante soberania, como se imaginava nos anos 1950. Na economia global, só a capacidade de interagir de forma interdependente oferece soberania. Só um parque científico e tecnológico pode dar condições a um país para assegurar menos vulnerabilidade no sistema econômico global. A produção de certos insumos e o desenvolvimento das tecnologias que ele produz fazem um país ser soberanamente interdependente.

Trabalho infantil – O trabalho infantil sempre foi visto como decorrência da necessidade de complementação da renda nas famílias pobres, um problema da economia. Mas sabe-se que uma família com um mínimo de educação, especialmente no caso da mãe, tem muito mais chances de manter seus filhos na escola, estudando em vez de trabalhar, ainda mais se contar com um programa do tipo Bolsa-Escola. Por sua vez, o trabalho infantil, retirando a criança da escola, reduz seu potencial intelectual.

Atraso científico e tecnológico – Até recentemente, pensava-se que o atraso científico e tecnológico era consequência da falta de recursos para comprar conhecimento. E que bastava uma universidade para que poucos alunos absorvessem a tecnologia comprada. Hoje sabe-se que a renda vem do capital-conhecimento. Sem conhecimento não há capital. A compra de equipamentos não basta para que sejam usados. Além disso, é impossível construir um grande parque científico e tecnológico se apenas 18% da população conclui o Ensino Médio em condições de disputar uma vaga universitária, de se transformar em cientista, em um profissional capaz de se ajustar às necessidades do conhecimento moderno e fazê-lo avançar. A precariedade do Ensino Médio é a principal causa da baixa qualidade no ensino superior. Os professores ficam desmotivados, em função da baixa preparação dos alunos, e transferem para o nível superior o dever de superar as falhas do Ensino Médio.

Baixa produtividade – A produtividade, como já foi mencionado, não é mais resultado de uma função em que o capital era determinante, com a mão de obra possuindo baixíssima qualificação. Não pode haver alta produtividade se os trabalhadores não possuem nem a educação necessária para adquirir algum nível de qualificação.

Baixa competitividade – O Brasil é um dos países com pior grau de competitividade entre os países de renda média. Parte disso se deve a corrupção, burocracia e protecionismo à ineficiência, mas a razão principal é o baixo grau de educação, que impede o desenvolvimento de uma sociedade competitiva.

Desaglutinação nacional – A França e a Itália eram pequenos principados, povos com línguas diferentes. Foram aglutinadas pela unificação do idioma, ensinado em suas escolas. O Brasil nasceu com um só idioma, e está se desaglutinando por causa da brecha social, da desigualdade de oportunidades, decorrentes da educação, e principalmente da brecha educacional. Com uma educação baixa e mal distribuída, se não fosse o rádio e a televisão nacional, até o idioma dos brasileiros começaria a se diferenciar entre os que têm e os que não têm instrução. Só uma revolução capaz de dar igualdade educacional a todo brasileiro será capaz de aglutinar o país dividido chamado Brasil.

Baixo valor agregado na economia – O Brasil surgiu da produtividade da terra, da produção de açúcar, café, ouro. Depois, deu um salto para aproveitar seus recursos naturais com ajuda do capital mecânico importado. Hoje, o valor de um produto decorre, sobretudo, da quantidade de conhecimento que ele contém: da pesquisa para desenvolvê-lo, do *design* para apresentá-lo, da publicidade para vendê-lo.

4. As causas da tragédia

Oito causas explicam por que o Brasil despreza e destrói seu maior patrimônio, os cérebros dos brasileiros, e por que tem a pior educação entre países com renda média e potencial econômico equivalente aos nossos.

Cultural – Não damos importância à educação. Ao longo de nossa história, a educação nunca foi importante. A influência colonial portuguesa que dificultava o acesso às escolas, o ritual religioso de deixar aos sacerdotes católicos a tarefa de ler e aos fiéis a tarefa de ouvir e outras razões desconhecidas nos transformaram lentamente em um povo que não considera a educação um valor fundamental. Um brasileiro médio fica transtornado quando encontra seu carro riscado, mas pouco se importa se seu filho passa o dia sem aula. Ele aceita satisfeito que o filho deixe de estudar para se tornar jogador de futebol, mas reage se o aluno insiste em estudar para ser filósofo ou professor primário. Nada simboliza mais a educação do que a filosofia e o magistério. Mas, se um pai investe na educação de seu filho, e ele anuncia, aos 17 anos, que deseja ser filósofo ou professor, o pai sente, em vez de orgulho, prejuízo pelo investimento "perdido". As classes média e alta do Brasil veem a Educação de Base como uma caderneta de poupança onde se deposita um valor mensalmente, que será retornado no futuro com o salário do filho formado, independente de seu saber, de sua cultura, de sua erudição.

A cultura brasileira privilegia a produção material de forma muito mais intensa do que a produção intelectual. Isso explica por que o Brasil esperou até o século XX para criar sua primeira universidade, o que aconteceu não porque se percebesse necessidade: a Universidade do Brasil, hoje UFRJ, foi criada em 1922 para atender ao capricho de um rei belga, que visitava o Brasil e queria um título de doutor *honoris causa*. A educação não é orgulho do povo brasileiro, que prefere se vangloriar de sua indústria, agricultura, cerveja, de suas estradas, do carnaval, do futebol, do tamanho dos *shopping centers*.

Ideológica – Os dirigentes brasileiros, suas classes ricas e médias, desprezam o povo, e por isso nunca tiveram compromisso com os serviços necessários às massas: saúde, transporte, habitação, educação. Tudo dos pobres é relegado. Temos aeroportos de padrão europeu e pontos de ônibus de padrão africano. Quando o controle aéreo entra em crise e os aviões atrasam, o assunto vira matéria em todos os jornais. Mas os permanentes atrasos de ônibus que deixam milhões nas paradas urbanas jamais se tornam notícia. Quando a elite política brasileira investe em benefícios para as massas, é porque essa é a única forma de se beneficiar. A luta contra a pólio e contra a AIDS é um bom exemplo brasileiro, porque vírus não escolhem classe social: cuida-se de todos ou não se cuida de ninguém. Desde a escravidão, quando aos escravos era proibido estudar, até os dias de hoje, quando a educação do povo não é vista como compromisso central dos governos. Ao longo de toda a nossa história, a elite dirigente e as camadas de renda média ou alta sempre se sentiram descomprometidas com o povo.

Em 1889, os republicanos gastaram longas horas discutindo onde colocar cada uma das estrelas no desenho de nossa bandeira, para representar a posição delas no dia 19 de novembro. Mas escreveram nela o lema "Ordem e Progresso", esquecendo-se de que 70% da população de então não sabia ler. Não se lembraram dos analfabetos. Cento e vinte anos depois, o número de adultos que não sabem ler e não conseguem identificar nossa bandeira é quase três vezes maior do que no ano da proclamação da República. É a educação dos pobres a mais abandonada: temos escolas públicas degradadas, mas algumas escolas privadas com a qualidade equivalente às melhores do mundo. As faculdades públicas que recebem os filhos dos ricos têm o nível de boas universidades do mundo, só não estão entre as melhores porque perdem milhões de cérebros, deixados para trás no decorrer da Educação de Base.

Política – Além do desprezo pelo povo, que caracteriza uma sociedade classista, aristocrática ou escravocrata, a elite brasileira, talvez inconscientemente, protege seus filhos dos filhos do povo, assegurando-lhes o monopólio do ensino superior. É contrária à cota para negros, mas mantém a cota de ingressos na universidade para ricos: quando deixa de oferecer aos pobres a chance de cursar um Ensino Médio de qualidade, evita a concorrência que beneficiaria a maioria, que é pobre. Se todos tivessem acesso à mesma escola, a minoria – os filhos dos ricos – conquistaria um número muito menor de vagas do que a maioria – os filhos dos pobres. Isso acontece com o futebol: todos têm a mesma oportunidade, porque a bola é redonda para todos, as regras são as mesmas, os campos de pelada têm as mesmas características para ricos e pobres. E por isso, são os filhos da maioria pobre que chegam à seleção brasileira. A bola é redonda para o rico e para o pobre, mas o lápis do pobre é muito diferente do computador do rico.

Financeira – De tanto desperdiçarem recursos, de tanto se endividarem para implantar um modelo econômico perverso, de tanto criarem privilégios, os governos brasileiros comprometeram seus recursos com o pagamento de dívidas, com a necessidade de superávits fiscais, com a manutenção de privilégios transformados em direitos constitucionais. No Brasil, há uma lei de responsabilidade fiscal que manda prender o prefeito que não pagar as dívidas de seu município com o banco, mas não há nenhuma punição prevista se ele fechar escolas para pagar esse banco. Há leis que asseguram aos servidores públicos salários equivalentes a quarenta salários mínimos, mas não asseguram escolas para os filhos dos servidores de baixos salários. E a população, para comprar os produtos da indústria, endivida as famílias.

O Brasil foi jogado em uma crise financeira por causa dos desperdícios e vícios da elite rica, e usa seus erros, maldades e egoísmos como desculpa para não investir na educação dos filhos de seu povo.

Corporativa – No Brasil, os que fazem a educação colocam em primeiro lugar os interesses do Estado e do governo, em segundo os interesses da escola, em terceiros dos professores, por último consideram os interesses das crianças e dos alunos. Quando se decide tomar uma medida minimamente lógica de defesa dos interesses das crianças, como garantir vaga para todas elas, surgem vários argumentos: "não há dinheiro", "a escola não suportaria", "a qualidade vai cair", "os professores ficarão sobrecarregados". Raramente se pergunta "onde ficarão as crianças se não garantimos vagas para elas". Nossos cursos de pedagogia e licenciaturas se organizam mais em função dos interesses de pesquisas e das vaidades dos professores universitários do que das necessidades das crianças. Dentro das escolas, pedagogos se interessam mais em testar seus conhecimentos, escrever teses e provar sua sabedoria do que em ajudar as crianças a se formarem.

No Brasil, alunos são muitas vezes pretexto para os interesses de governos, professores, vendedores de equipamentos, construtores de escolas, editores de livros e fornecedores de merenda, e não a verdadeira razão de ser da educação: a garantia de que toda criança terá uma escola onde aprenderá a conhecer, usufruir e melhorar o mundo, independentemente da cidade onde nascer, da classe social de sua família, de sua raça ou gênero, tendo apoio para corrigir as deficiências que porventura tenha.

O propósito utópico – Por 3/5 de toda a sua história, o Brasil foi uma colônia explícita. Até recentemente, ainda era uma colônia implícita. A independência manteve o País como simples fornecedor de bens primários, agrícolas ou minerais. Na segunda metade do século XX, o Brasil encontrou um propósito, importado: o crescimento econômico. Em função dele, com uma vontade surpreendente para um país desigual e politicamente dividido, usou todos os seus recursos, endividou-se, desvalorizou vergonhosamente sua moeda, provocou uma das maiores migrações internas já ocorridas na história de qualquer país, concentrou a renda, implantou um brutal regime ditatorial e, sobretudo, abandonou todos os demais setores, especialmente a Educação de Base. O resultado foi o grande êxito da economia e o grande fracasso social e educacional.

A descontinuidade – Desde que começou sua industrialização, o Brasil teve diversos governos, regimes democráticos ou ditatoriais, mas nunca mudou seu objetivo de buscar o crescimento econômico. Governos se sucedem dando continuidade à construção de hidrelétricas e rodovias. Mas na educação, a cada governo – às vezes até dentro do mesmo governo – projetos iniciados são interrompidos ou substituídos. Falta continuidade de um ano para outro, de uma geração para outra, o que termina inviabilizando todos os projetos, que necessitam de tempo para amadurecerem.[14]

As metas – Quando se inicia uma hidrelétrica, a meta é concluí-la. Na educação brasileira, os projetos não têm metas. Há décadas existem programas de alfabetização, mas só em 2003 foi criada uma Secretaria Especial com a tarefa de cumprir a meta estabelecida de erradicar o analfabetismo no prazo de quatro anos. Mas no ano seguinte, a Secretaria foi extinta, e a meta, abandonada. A matrícula foi ampliada sem uma meta de tempo para conseguir que todos estivessem alfabetizados, ou que todos terminassem o Ensino Médio. Sem metas, a educação não conclui seus projetos.

As ilusões da propaganda – Uma das maneiras de não se resolver um problema é escondê-lo. Como se sofressem de

---

[14] Em janeiro de 2004, o governo Lula mudou o Ministro da Educação. Seu sucessor, que fazia parte do mesmo governo, paralisou ou modificou drasticamente o que vinha sendo feito no período anterior, além de abandonar as metas então propostas.

uma miopia cultural que não dá valor à educação, e para não desviarem recursos de outros setores, nem ameaçarem os interesses corporativos, mantendo os privilégios da classe e evitando admitir a necessidade de uma revolução na educação, as elites dirigentes do Brasil enganam e se enganam: usam artifícios ilusórios, escondem os problemas e a dimensão da tragédia por trás de pelo menos seis ilusões:

a) "Todos estão na escola". Essa é uma das ilusões mais aceitas, que esconde a realidade do quadro educacional brasileiro, por duas razões: Quando nos vangloriamos dos avanços ocorridos nos últimos anos, e que nos levaram a ter 97,5% das crianças matriculadas, desprezamos a gravidade de existirem, em pleno século XXI, pelo menos 2,5% que nem sequer se matriculam; comemoramos a matrícula dos 97,5%, e não nos desculpamos pela vergonha de 2,5% fora da escola. Nosso orgulho deveria se transformar em um pedido de desculpas, mesmo considerando que há 20 anos a matrícula só chegava a 80%.

Confundimos matrícula com frequência, frequência com assistência, assistência com presença, presença com permanência, permanência com aprendizagem, aprendizagem com conhecimento. Desse modo não vemos nem nos concentrar em enfrentar a tragédia de que pouco mais do que 30% dos nossos jovens terminarão o Ensino Médio, e que, destes, menos da metade (apenas 18%) com um mínimo de qualidade.

b) "Estamos melhorando". Não é falso dizer que estamos avançando, quando comparamos o Brasil de hoje com o de poucas décadas atrás. Mas apesar da melhora, estamos ficando para trás em relação aos países emergentes com renda média equivalente à do Brasil. Também estamos cada vez mais atrasados em relação às crescentes exigências de qualificação do mundo moderno. Melhoramos em ritmo linear, enquanto as exigências de conhecimento crescem em ritmo exponencial. É claro que a brecha aumenta e chega ao nível de apagão intelectual.

Em 1970, mesmo com apenas 80% de matrícula e com escolas sem qualidade, tínhamos uma situação educacional próxima à de países como Irlanda e Coreia do Sul, que nos superaram e hoje avançam a um ritmo muito maior do que o nosso. Para não falar em Argentina, Uruguai, que sempre estiveram à nossa frente. Em educação, como em tudo mais, não basta melhorar; é preciso avançar mais do que os outros, para não ficar para trás.

Essa melhoria é absolutamente insuficiente, lenta, deixa milhões de crianças para trás por falta de qualificação, e a nação para trás por falta de educação. Além disso, a melhoria é desigual dentro das nossas fronteiras. Além de ficarmos para trás em relação ao resto do mundo, estamos deixando nossas crianças para trás, umas em relação às outras, dependendo da cidade onde nasçam ou vivam, ou da renda de suas famílias. Além de ficarmos para trás em relação a outros países, estamos nos dividindo, criando uma brecha educacional dentro do nosso próprio país.[15] A brecha educacional tenderá a permanecer, em função de um descompasso entre oferta e demanda por mão de obra, com a última sempre maior do que a primeira.

c) "Temos escolas suficientes". Temos 197 mil escolas públicas e privadas de Ensino Básico, das quais 162 mil são públicas, para 48 milhões de crianças em idade escolar. Mas faltam escolas em muitos lugares. Mais grave é que a quase totalidade das escolas públicas não podem ser consideradas escolas, são "falsas-escolas", "quase-escolas". Não têm as condições mínimas para serem chamadas de escolas do século XXI, nem sequer as tinham na primeira metade do século XX. Na grande

---

15 No início de 2011, uma publicidade do MEC anuncia que a educação no Brasil está no bom caminho, mas não diz que o fazemos em ritmo de tartaruga, portanto, ficando para trás.

maioria, não passam de restaurantes-mirins populares, aonde as crianças vão apenas pela merenda: sem aulas, sem deveres de casa, sem acompanhamento, algumas sem água nem banheiro, outras sem energia elétrica, sem todas as disciplinas, sem atividades complementares, quase nenhuma com horário integral, muitas sem nem ao menos quadro-negro, para não dizer biblioteca e computadores.

d) "O problema da educação é a falta de investimento". É certo que não teremos uma boa educação gastando R$2.900,00 por ano com a educação de cada criança: R$14,50 por dia de aula. Mas, se chover dinheiro no quintal de uma escola, ele vira lama na primeira chuva. Os recursos adicionais devem ser aplicados de forma a chegar ao cérebro de nossas crianças. É preciso saber quanto, como, onde e quando aplicar os recursos, ou eles serão desperdiçados.

e) "O Brasil tem um pequeno número de estudantes na universidade e precisa de mais vagas". Embora seja verdade que tenhamos poucos alunos no Ensino Superior em relação ao total da população, nosso maior problema é que poucos alunos podem concorrer a uma vaga na universidade, porque pouco mais de 1/3 dos jovens terminam o Ensino Médio, e, destes, não mais da metade tendo recebido um ensino de qualidade, e com ambição suficiente para desejar entrar na universidade. Se é verdade que temos poucos universitários em proporção ao total da população, temos um maior número de universitários em proporção ao número dos que terminam o Ensino Médio. De cada 4,6 milhões de alunos que entram no Ensino Fundamental, somente 2,4 milhões o concluem; apenas 1,8 milhão chegam ao final do Ensino Médio, 900 mil com qualidade para um bom curso universitário. Mesmo assim, 1,7 milhão entram na universidade, mais do que os que têm condições. Mais de um milhão desistem antes da conclusão do curso superior, por falta de recursos para pagarem a mensalidade e por falta de formação anterior para acompanharem seus cursos.

Essa entrada automática no Ensino Superior, após a conclusão do Ensino Médio, não acontece em outros países desenvolvidos. Na Alemanha, somente 37% dos concluintes do Ensino Médio ingressam na universidade; na Bélgica, 31%; na Dinamarca, 59%; na Irlanda, 46%; e na Suíça, somente 39%. Porém, todos esses países têm índice de conclusão de Ensino Médio superior a 90% da população. Nesses casos, as oportunidades dignas de emprego e renda estão ao alcance de todos, e só buscam a universidade aqueles realmente interessados em uma carreira acadêmica.

f) "É preciso melhorar a qualidade da universidade, com mais recursos". Embora faltem recursos para a universidade, investimentos adicionais não serão suficientes para melhorá-la, enquanto não fizermos a Revolução na Educação de Base, para promover o potencial de 2/3 de nossos jovens que não terminam o Ensino Médio, e a Refundação da Universidade, para ajustá-la à realidade do saber e à velocidade com que ele avança no século XXI. O Brasil tem grandes jogadores de futebol porque todos têm acesso à bola, começam a jogar aos quatro anos de idade, jogam em campos perto de casa, e o talento vai sendo revelado entre os melhores e mais persistentes. Isso não acontece com a educação porque poucos têm acesso a livros, computadores, boas escolas. O Brasil nunca teve um Prêmio Nobel de literatura, muito provavelmente porque ele fazia parte das dezenas de milhões de adultos que morreram desde a Proclamação da República sem a oportunidade de aprender a ler e a gostar de ler. O mesmo vale para potenciais cientistas que não aprenderam matemática na idade apropriada.

5. Como vencer os entraves

As causas da vergonha da educação brasileira podem ser superadas, se forem adotadas as seguintes ações:

Enfrentar a causa cultural – Nos últimos anos, ao perceberem o que acontece no resto do mundo, os formadores de opinião começaram a descobrir a questão da educação. Empresários passaram a tratar do assunto. ONGs se organizaram. Até políticos começaram a incluir a educação em seus discursos. Mas poucos desses grupos passaram da ideia à ação, nem há um movimento nacional nos moldes do Abolicionismo. Isoladas, essas ações não conseguirão realizar as mudanças com a profundidade necessária.

Para mudar a cultura brasileira de menosprezo pela educação, é preciso levar a sério o lema de governo apresentado em 2002, na campanha presidencial,[16] e esquecido desde 2004: fazer uma *escola do tamanho do Brasil*; ou o lema da campanha presidencial de 2006[17] de que só uma *revolução pela educação poderá derrubar os dois muros que amarram o País: o muro da desigualdade e o muro do atraso*.

Só uma liderança nacional – na pessoa de um Presidente – que ponha, desde o processo eleitoral, a educação em primeiro plano entre as questões nacionais, como fez Juscelino com a industrialização, pode realizar uma mudança profunda na cultura do nosso povo e dos nossos políticos.

A Presidenta da República precisa ir à televisão falar do assunto; levar, todos os anos, no início das aulas,[18] uma mensagem à nação; abordar obsessivamente o assunto em seus discursos. Recomendar leituras, falar aos professores, aos pais,

---

16 Do programa do ex-presidente Lula. Desde 2003, como Ministro, pessoalmente, depois como articulista em jornais, sempre cobrei que o Presidente Lula agisse para cumprir esse compromisso.
17 Do programa que apresentei quando fui candidato a presidente.
18 Em 2011, a Presidenta Dilma o fez.

à mídia, solicitar que todos participem do esforço nacional para educarmos todas as nossas crianças.

Além do objetivo de unificação nacional, é preciso mostrar que só a educação – básica, superior, científica e tecnológica – poderá fazer o Brasil retomar o próprio desenvolvimento econômico, em uma época em que o principal capital do progresso é o conhecimento.

Reformular nosso propósito – Não haverá pacto político, nem ele resistirá pelo tempo necessário, se não houver uma mobilização nacional por uma revolução na Educação de Base. Assim como todas as grandes mudanças nacionais vieram de mobilizações populares, essa mobilização não virá da própria educação. Da mesma forma que *O petróleo é nosso* veio da soberania e do desenvolvimento; que *Diretas Já* veio da democracia; que *Anistia Já* veio dos direitos humanos, *Educação Já* precisará vir de uma utopia mais ampla. Essa utopia pode ser *a mesma chance para todos*. Mostrar aos jovens que sem uma educação de qualidade eles não terão a mesma chance que os mais velhos tiveram, nem terão assegurados bons empregos e a preservação do meio ambiente. Os pobres, principalmente, precisam entender que sem educação de qualidade não terão futuro, nem a mesma chance que os ricos.

A mesma chance deve ser o vetor utópico da bandeira política *Educação Já*, como base para a mobilização social que poderá criar as condições políticas para a revolução da educação.

Enfrentar a causa política – Precisamos entender que não temos futuro enquanto estivermos divididos em dois "Brasis". E que o casamento de um Brasil com o outro só pode ser feito na escola. Depois de quatro séculos de escravidão, de uma visão imperial que separa os "nobres" do "povo", e de uma república que não mudou essa visão, não vale a pena apelar à generosidade da parte "incluída" para com a parcela "excluída". Precisamos de um egoísmo patriótico. Investir mais na educação de todas as crianças brasileiras, sem desigualdade por município ou renda familiar, é uma necessidade, mesmo daqueles que já têm os filhos na escola. Deixar uma criança sem educação de qualidade até o final do Ensino Médio é como deixar inexplorado, definitivamente, um poço de petróleo – empobrece a todos.

Enfrentar a causa financeira – Para fazer uma revolução na educação, o Brasil precisa aumentar em cerca de R$40 bilhões anuais os recursos federais em Educação Básica, começando imediatamente, até chegar a R$463 bilhões em 20 anos. Paralelamente, a proposta contempla recursos para melhorar o sistema tradicional, atualmente em funcionamento, que consistirão num desembolso inicial de R$119 bilhões no primeiro ano, e aportes gradativamente menores (até a zeragem), ao longo desses 20 anos.[19]

Enfrentar o corporativismo – A falta de compromisso de muitos dos professores com a educação decorre de duas razões: uma natural reação ao abandono da educação e de seus profissionais, às péssimas condições de trabalho e aos baixos salários; e a falta de nacionalismo, por causa da divisão do Brasil em corporações, sem que exista uma proposta unificada que promova a unidade do País. Desprezada, sem condições de exercer corretamente suas funções e vendo seu país pela ótica da sua corporação, a classe docente naturalmente perde

---

19 Em 1990, a Alemanha Ocidental foi surpreendida pela falência da Alemanha Oriental. Em vez de assistir à desagregação de sua nação irmã, considerá-la adversária política e ideológica, sem renda, sem ciência e tecnologia, ou de usar o muro para impedir a vinda dos orientais (como fazem os EUA em relação ao México, e a França fez em relação aos africanos e ciganos), os alemães ocidentais adotaram a posição da solidariedade. E para unificar as duas Alemanhas criaram um imposto de solidariedade, que até hoje é pago pela população, baseado sobretudo na renda, no combustível, no cigarro e na bebida alcoólica.

o compromisso com a educação. A solução está em formular um projeto nacional e valorizar o professor, exigindo de cada um deles boa formação e dedicação.

Um programa que ponha a educação em primeiro lugar vai cobrar preparo e dedicação do professor; envolvimento, em vez de desistência; integração, em vez de corporativismo. Para isso, eles deverão receber as compensações que merecem pelo trabalho de transformar o País.[20]

Enfrentar a descontinuidade – Só há uma maneira de mudar a educação no Brasil: transformá-la em projeto nacional de longo prazo. Pouco se pode fazer pela educação em menos de 10, 15 anos. Todos os países que mudaram sua realidade educacional definiram um projeto nacional de longo prazo, independentemente do partido no governo. O Brasil precisa fazer o mesmo, como fez pela industrialização, pela democracia, pela estabilidade monetária.[21]

---

[20] Nenhuma das grandes mudanças nacionais foi conseguida por um partido político organizado, mas sempre por um movimento transpartidário. O chamado "partido abolicionista" tinha mais membros do Partido Liberal, ao qual pertencia Joaquim Nabuco, mas também militantes em cada um dos partidos de então. JK era do PSD, mas a industrialização foi uma causa muito além do seu partido; a democracia veio dos momentos sociais, "tortura nunca mais" e "anistia já" vieram de partidos clandestinos, não só do MDB mas também de organizações não partidárias, como CNBB e OAB. O Brasil precisa de um "movimento educacionista". Em 2006, lancei a ideia deste movimento no Senado Federal, no dia seguinte ao primeiro turno da eleição presidencial.

[21] No começo de 2011, o governo federal colocou uma bela publicidade na TV. Apareceram pessoas de diferentes nacionalidades dizendo qual foi a profissão mais importante para permitir o avanço de seu país. Cada um, no seu idioma, dizia: "o professor". Com isso, o MEC desejava incentivar jovens a buscar a carreira do magistério. Era uma bela peça de publicidade, mas omitia o fato de que em todos aqueles países os professores formam uma carreira respeitada, bem remunerada, contando com boas condições de trabalho, cobrança permanente de dedicação e resultados, formação continuada, as escolas são prédios bonitos, confortáveis, bem equipados e sem violência cotidiana. E para isso, cada um desses países coloca a educação como uma questão nacional, sob a responsabilidade do governo central, nacional.

PARTE II: AS PROPOSTAS

1. Transferir para o Governo Federal a responsabilidade com a Educação de Base

O Brasil é um país de imensa desigualdade, entre classes e cidades. De acordo com a Pesquisa Nacional por Amostra de Domicílios (PNAD) 2009 os 10% mais ricos da população têm uma renda média que é 38,5 vezes maior do que a renda média dos 10% mais pobres.

Essa desigualdade se reproduz de uma geração para outra, em um círculo vicioso, tanto entre pessoas quanto entre cidades, sobretudo por causa da desigualdade na educação. A quebra do círculo vicioso da desigualdade só será conseguida quando for quebrada a desigualdade de oportunidades, por meio de uma educação de qualidade para toda a população, especialmente as crianças. O berço da desigualdade está na desigualdade do berço.

A situação não é diferente quando se considera a renda das cidades. As mais ricas chegam a ter renda 160 vezes maior do que as mais pobres. Graças à esdrúxula política fiscal do país, algumas cidades chegam a ter renda *per capita* superior à dos países mais ricos. São municípios com baixa densidade demográfica e alguns privilégios, como *royalties* ou impostos. São Francisco do Conde (BA), com renda *per capita* anual de R$288 mil, abrigava a segunda maior refinaria em capacidade instalada de refino do País. No município de Porto Real (RJ), com renda *per capita* de R$203 mil, situava-se uma indústria automobilística. O Município de Triunfo (RS), pertencente à Região Metropolitana de Porto Alegre, era sede de um polo petroquímico importante, o que lhe garantia renda *per capita* de R$181. O município de Quissamã (RJ), com R$177,8 mil *per capita*, tinha como atividade principal a extração de petróleo e gás natural. Confins (MG) ganhou posição desde 2005, e renda *per capita* de R$177 mil, com a transferência de voos do aeroporto em Belo Horizonte para o aeroporto internacional situado no município.

Mas a desigualdade pode ser observada em cidades de alta demografia, mas com setores econômicos ativos, como São Paulo, Rio de Janeiro, Brasília, Belo Horizonte e Salvador.

Ao mesmo tempo, outras cidades têm suas rendas *per capita* inferiores a muitos dos pobres países africanos. Em 2008, Jacareacanga (PA), na divisa com o Amazonas e Mato Grosso, possuía o menor PIB *per capita* entre os 5.564 municípios do país (R$1.721,23), e tinha cerca de 60,0% da sua economia dependente da administração pública. Além disso, 60% do seu território eram áreas de preservação ambiental e terras indígenas. Curralinho (PA) tem renda *per capita* de R$1,9 mil; Lamarão (BA), de R$2,0 mil; Timbiras (MA), de R$4,2 mil, e Axixá (MA) tem renda *per capita* de R$2,1 mil.

Poucas cidades brasileiras têm renda pública com condições de manter uma boa escola.

Quadro 18

Desigualdade na renda *per capita* por cidades brasileiras Brasil, 2004-2008			
	Cidade	UF	Renda *per capita* (R$/habitantes)
Renda *per capita* anual	Brasília	Distrito Federal	45.977,59
	São Paulo	São Paulo	32.493,96
	Rio de Janeiro	Rio de Janeiro	25.121,92
	Belo Horizonte	Minas Gerais	17.313,06
	Salvador	Bahia	10.061,42
Municípios com menor renda *per capita* anual	Jacareacanga	Pará	1.721,23
	Curralinho	Pará	1.899,93
	Lamarão	Bahia	1.975,04
	Timbiras	Maranhão	2.058,06
	Axixá	Maranhão	2.063,47

Fonte: IBGE/Produto Interno Bruto dos Municípios.

Nesse quadro de desigualdade na renda *per capita*, deixar a educação das crianças destes municípios sob sua própria responsabilidade é uma traição nacional. A municipalização da responsabilidade pela educação é um crime contra o futuro do Brasil, contra dezenas de milhões de crianças condenadas à educação limitada aos poucos recursos de sua cidade. Essa realidade não difere com um corte de análise a nível estadual.

Com estados e municípios pobres e desiguais, fica impossível assegurar um salário que atraia para o magistério os melhores profissionais da sociedade, e ainda mais difícil exigir qualificação, dedicação e resultados. A consequência é que os professores brasileiros estão entre os mais mal remunerados entre países de porte médio, emergentes.

Quadro 19

Salário médio* dos professores da Educação Básica, segundo o nível de formação Brasil e unidades da Federação, 2008		
	Salário médio[1]	Salário médio[1] com nível superior (completo ou incompleto)[2]
BRASIL	1.527	1.638
Rondônia	1.371	1.405
Acre	1.623	1.765
Amazonas	1.598	1.686
Roraima	1.751	186
Pará	1.417	1.589
Amapá	1.615	1.890
Tocantins	1.483	1.579
Maranhão	1.313	1.587
Piauí	1.105	1.124
Ceará	1.146	1.249
Rio Grande do Norte	1.232	1.382
Paraíba	1.057	1.085
Pernambuco	982	1.040
Alagoas	1.298	1.457
Sergipe	1.611	1.693
Bahia	1.136	1.256
Minas Gerais	1.443	1.503
Espírito Santo	1.401	1.467
Rio de Janeiro	2.004	2.151
São Paulo	1.845	1.905

Fonte: MEC 2009. Nota: 1: Renda do Trabalho Principal padronizado para 40 horas semanais.
2: Média de aproximadamente 14 anos de escolaridade.
Elaboração própria.*

Quadro 19 - Continuação

	Salário médio[1]	Salário médio[1] com nível superior (completo ou incompleto)[2]
Paraná	1.633	1.692
Santa Catarina	1.366	1.414
Rio Grande do Sul	1.658	1.704
Mato Grosso do Sul	1.759	1.777
Mato Grosso	1.422	1.502
Goiás	1.364	1.387
Distrito Federal	3.360	3.389

Salário médio* dos professores da Educação Básica, segundo o nível de formação Brasil e unidades da Federação, 2008

Fonte: MEC 2009. Nota: 1: Renda do Trabalho Principal padronizado para 40 horas semanais.
2: Média de aproximadamente 14 anos de escolaridade.
Elaboração própria.*

  O quadro de desigualdade de renda e investimento presente entre as esferas de governo é ainda mais gritante, quando se observa a atuação do Governo Federal.

Quadro 20

	Investimento total em educação por esfera de governo, em relação ao PIB (%) — Brasil, 2009			
Ano	Total	Esfera de governo		
		União	Estados e DF	Municípios
2000	4,7	0,9	2,0	1,8
2001	4,8	0,9	2,0	1,8
2002	4,8	0,9	2,1	1,8
2003	4,6	0,9	1,9	1,8
2004	4,5	0,8	1,9	1,9
2005	4,5	0,8	1,8	1,9
2006	5,0	1,0	2,1	2,0
2007	5,1	1,0	2,1	2,0
2008	5,5	1,0	2,3	2,1
2009	5,7	1,2	2,4	2,2

Fonte: Deed/Inep/MEC.

Quadro 21

Despesa da União – função educação (R$ bilhões de jan./2011)				
Ano	DESPESA EXECUTADA			
	DESPESA LIQUIDADA		INSCRITAS EM RP NÃO PROCESSADOS	
	Valor nominal	Valor atualizado[1]	Valor nominal	Valor atualizado[1]
2000	10,6	25,4	não se aplica	não se aplica
2001	11,6	25,2		
2002	13,2	25,2		
2003	14,2	22,1		
2004	14,5	20,6		
2005	16,2	21,7		
2006	17,3	22,8		
2007	18,9	23,7		
2008	21,9	24,7	3,1	3,5
2009	28,4	31,5	4,6	5,1
2010	38,3	40,2	5,8	6,1
jan./11	3,0	3,0	não se aplica	não se aplica

Nota: Excluídas as operações intra orçamentárias.
[1] Valor atualizado para jan./2011 com base no IGP-DI.
Fonte: Secretaria do Tesouro Nacional (STN).
Elaboração própria*.

Os gastos em 2009 das três esferas federativas – União, estados e municípios – com educação estão detalhados no quadro a seguir:

Quadro 22

Investimento público direto em educação por estudante/ano e nível de ensino na Educação Básica – Brasil, 2000 a 2009					
Ano	Educação Básica	Educação Infantil	1ª a 4ª séries E. F.	5ª a 8ª séries E. F.	Ensino Médio
2000	1.388	1.587	1.365	1.393	1.324
2001	1.439	1.433	1.349	1.518	1.506
2002	1.426	1.350	1.576	1.463	1.060
2003	1.448	1.553	1.526	1.450	1.217
2004	1.548	1.655	1.638	1.656	1.133
2005	1.643	1.566	1.833	1.746	1.146
2006	1.961	1.695	2.019	2.217	1.568
2007	2.291	2.069	2.408	2.509	1.837
2008	2.632	2.206	2.761	2.946	2.122
2009	2.948	2.257	3.177	3.314	2.317

Fonte: INEP/MEC, elaborada pela DTDIE/INEP.
Nota: Valores em reais, corrigidos para 2008 pelo Índice Nacional de Preços ao Consumidor Amplo (IPCA).

Quadro 23

Estimativa do percentual do investimento público direto em educação por estudante/ano na Educação Básica em relação ao PIB *per capita*, por nível de ensino – Brasil, 2000 a 2009					
Ano	Educação Infantil	1ª a 4ª séries E. F.	5ª a 8ª séries E. F.	Ensino Médio	Educação Básica
2000	13,4	11,5	11,8	11,2	11,7
2001	12,0	11,3	12,7	12,6	12,0
2002	11,4	13,3	12,3	8,9	12,0
2003	12,6	12,4	11,7	9,9	11,7
2004	12,8	12,7	12,8	8,8	12,0
2005	11,7	13,7	13,1	8,6	12,3

Fonte: Deed/Inep/MEC.
Nota: Valores em reais, corrigidos para 2008 pelo Índice Nacional de Preços ao Consumidor Amplo (IPCA) – no período 2000-2008.

Quadro 23

Estimativa do percentual do investimento público direto em educação por estudante/ano na Educação Básica em relação ao PIB *per capita*, por nível de ensino — Brasil, 2000 a 2009

2006	12,0	14,4	15,7	11,1	13,9
2007	13,8	16,0	16,7	12,2	15,3
2008	13,9	17,4	18,6	13,4	16,6
2009	13,8	19,4	20,2	14,1	18,0

Fonte: Deed/Inep/MEC.
Nota: Valores em reais, corrigidos para 2008 pelo Índice Nacional de Preços ao Consumidor Amplo (IPCA) – no período 2000-2008.

Quadro 24

Gastos com educação, por esfera de governo e por nível educacional (milhões de R$) — Brasil, 2009

	União		Estados		Municípios		Total	
	R$ milhões	%	R$ milhões	%	R$ milhões	%	R$ milhões	%
Ensino Infantil	46	0,1	248	0,4	9.272	15,0	9.567	5,6
Educação Fundamental	724	2,0	29.743	42,1	44.616	72,0	75.126	44,4
Ensino Médio	344	0,9	11.241	15,9	449	0,7	12.051	7,1
Total Ensino Infantil, Fundamental e Médio	1.113	3,0	41.232	58,4	54.337	87,7	96.744	57,1
Educação Especial	106	0,3	595	0,8	306	0,5	1.009	0,6
Educação de Jovens e Adultos	339	0,9	613	0,9	388	0,6	1.342	0,8
Ensino Profissional	2.589	7,1	1.411	2,0	196	0,3	4.205	2,5

Fonte: Secretaria do Tesouro Nacional — Consolidação das Contas Públicas, Demonstrativo da Despesa por Função.
Elaboração própria.*

Quadro 24 - Continuação

Gastos com educação, por esfera de governo e por nível educacional (milhões de R$) — Brasil, 2009								
	União		Estados		Municípios		Total	
	R$ milhões	%	R$ milhões	%	R$ milhões	%	R$ milhões	%
Ensino Superior	15.498	42,3	5.664	8,0	648	1,0	21.860	12,9
Demais subfunções	17.034	46,4	21.058	29,8	6.062	9,8	44.230	26,1
Total educação	36.680	100	70.574	100	61.937	100	169.390	100

Fonte: Secretaria do Tesouro Nacional — Consolidação das Contas Públicas, Demonstrativo da Despesa por Função.
Elaboração própria.*

Pode-se perceber que, dos R$36,6 bilhões que gastou com educação em 2009, o Governo Federal aplicou somente cerca de 3% na Educação Infantil, Fundamental e Média, que abrangem 51,5 milhões de alunos, 162 mil escolas públicas e 1,9 milhão de professores. Enquanto isso, investe 42,3% em 5 milhões de alunos, em 2,2 universidades federais e demais instituições de ensino superior, com 338 mil professores.

Essa desigualdade na alocação de recursos é ainda maior se observarmos que, nos 3% gastos com Educação de Base, estão incluídos os custos das 300 escolas básicas da rede federal. A verdade é que o Governo Federal quase nada investe na Educação de Base. Isso não é inteligente, porque por mais que receba recursos, o Ensino Superior não terá qualidade enquanto a Educação de Base não for de qualidade.

Na realidade brasileira, o custo de cada um dos 24 milhões de alunos das escolas públicas municipais é de R$3.245,50 por ano, enquanto nas escolas básicas federais, esse valor é substancialmente maior. Isso se dá pela diferença de formação e de salário dos respectivos professores, e das condições físicas e de equipamentos das escolas.

A consequência está apontada pelas avaliações. Enquanto as escolas públicas municipais tiveram nota média de 3,6 no *Índice de Desenvolvimento da Educação Básica – IDEB* de 2009, as federais apresentaram média de 6,05, acima da média das particulares, que foi de 5,9.[22]

Não é justo que o próprio setor público trate com tanta desigualdade as crianças brasileiras, no que se refere à sua educação, conforme a sorte de entrar em uma das 300 escolas federais; ou em uma das 32,4 mil estaduais ou 129 mil municipais, ou em uma das 35,7 mil escolas particulares, graças à renda das famílias com maior poder aquisitivo, que recebem, no agregado, R$3,9 bilhões de subsídio público, via dedução no Imposto de Renda dos gastos com educação, além de outros itens associados ao gasto tributário referente à educação (renúncia fiscal da União).[23]

A solução, obviamente, não é eliminar o subsídio nem entregar as escolas federais aos municípios. A solução é federalizar todas as escolas, na medida em que cada uma vá adquirindo as condições das atuais 300 escolas federais. Quando isso acontecer, não será mais necessário esse subsídio pelo Imposto de Renda. Afinal, os pais com filhos nas escolas federais não recebem esse subsídio, porque nem necessitam, já que as escolas são boas e gratuitas.

A igualdade escolar, condição central da igualdade, da justiça e do progresso do País, não pode ser obtida com uma escola privada,[24] porque os pobres não podem pagar por ela;

---

22 Média do IDEB referente aos anos finais do Ensino Fundamental.
23 Ver, na sessão o custo de não fazer, um detalhamento sobre o gasto tributário referente à educação.
24 O conceito da escola privada, aqui, se refere à escola totalmente presa do mercado e do capital, e não à possibilidade de escola com proprietário privado, mas em combinação com o setor público, como as "escolas concertadas" na Espanha, de que se trata mais adiante.

nem com uma educação transferida para o Estado ou o município, porque as cidades pobres não têm como assegurar educação de qualidade para suas crianças. A solução para a desigualdade está na garantia de uma Educação Básica pública nacionalizada. Porque só a União é capaz de universalizar a educação e de unificar a qualidade.

O FUNDEB – que agrega, no máximo, 0,2% ao total de investimentos federais na Educação Básica – não pode ser considerado uma solução que permitirá o salto revolucionário de que a educação precisa. De fato, ele mantém a municipalização da Educação Fundamental e a estadualização do Ensino Médio: para 2011, estão previstas contribuições ao Fundo de R$88 milhões, por parte de estados, DF e municípios, e de R$7,9 milhões por parte da União. Essa diferença perpetua a desigualdade na educação, que continua dependendo do Estado e da cidade onde a criança tenha nascido ou viva.

Para dar o salto, o Brasil precisa investir ao redor de R$9 mil por aluno anualmente. A seção *Como Fazer*, mais adiante, detalha os números envolvidos na implementação da proposta em 20 anos e iniciando com um projeto-piloto para 200 cidades (***CEBI – Cidade com Educação de Base Ideal***), um total de 3,5 milhões de novos alunos (no 1º ano) em cerca de 3 mil escolas.

A proposta deve ser feita de forma gradativa, não de uma só vez em todo o território nacional, porque (i) o impacto orçamentário seria impeditivo; (ii) mesmo se fosse possível obter esses recursos financeiros, seria impossível encontrar de imediato os demais recursos – professores, equipamentos, construções, mudanças de comportamento – necessários para todo o Brasil; e (iii) o simples aumento de recursos sobre o sistema atual de infraestrutura e magistério não surtiria efeitos. Como foi visto, se chover dinheiro no quintal de uma escola, na primeira chuva, ele vira lama.

Transformar a Educação Básica em responsabilidade nacional não significa transferir para o Governo Federal, por Decreto e de imediato, o custo e a administração das 162 mil escolas públicas e dos cerca de 1,4 milhão de professores da Educação Básica pública, nem colocar as escolas brasileiras em uma camisa de força pedagógica. Implica federalizar a responsabilidade, com descentralização gerencial e liberdade pedagógica, em um processo ao longo de anos. Não se trata de fazer uma Lei Áurea da educação, mas de realizar um processo, como a industrialização.

É possível combinar descentralização gerencial das escolas com responsabilidade federal de prefeitos e governadores e um envolvimento financeiro da União que vá além da distribuição de livros, merenda e transporte. O custo total disso equivale a uma parte pequena dos recursos de que o Governo Federal dispõe, mesmo depois de cumpridas as exigências necessárias para manter os pilares da política econômica.

Com um pacto social pela educação e com um compromisso federal pela Educação Básica de todos os brasileiros, iniciaremos uma época de modernidade eficiente, justa e sustentável. Passaremos a ver a educação do povo como investimento, e atribuiremos a ela o devido valor, fundamental para nosso desenvolvimento com base no maior capital que um país pode ter: a inteligência de seu povo. Sobretudo, barraremos a vergonhosa desigualdade que caracteriza a educação brasileira, responsável por nossa trágica desigualdade social.

Na atual estrutura administrativa do nosso País, nem a infância nem a Educação de Base são assuntos da Presidência da República. Para fazer uma *federalização*, ou criar um *sistema único de educação*, o Governo Federal precisa ser o agente coordenador do sistema educacional brasileiro, e o Presidente da República o líder mobilizador da educação no Brasil. Para isso, é preciso fazer três mudanças administrativas no plano federal, e garantir a descentralização gerencial:

a) **Transformar o MEC em Ministério da Educação de Base,** criando-se um Ministério específico para o Ensino Superior ou incorporando o Ensino Superior ao Ministério da Ciência e Tecnologia. Sem esse *Ministério da Educação de Base*, o Governo Federal não terá motivação nem instrumentos para coordenar a Educação de Base no País, e continuará a dar prioridade ao Ensino Superior. Primeiro, porque as universidades são federais e, segundo, porque elas, seus alunos, professores e servidores dispõem de poder e de acesso ao governo, além de oferecerem um impacto eleitoral imediato. Na Educação de Base os investimentos podem demorar décadas para mostrar resultados, e as crianças e professores municipais não têm força política para fazer pressão pela revolução na educação. Além disso, o novo Ministério da Educação de Base precisa criar uma Secretaria para Implantação do Aprendizado Ao Longo da Vida, porque está superada a ideia de que a educação é um acúmulo de conhecimento. A educação é um fluxo de obsolescência e renovação de conhecimentos. Nenhum aluno está formado.

b) **Criar uma Secretaria Presidencial para a Proteção da Criança e do Adolescente.** Nos últimos anos, o Brasil criou secretarias para cuidar dos assuntos das mulheres, dos jovens, dos negros, já tinha a FUNAI para os índios, mas não há um único órgão junto à presidência para cuidar dos temas que dizem respeito às crianças e aos adolescentes. O resultado são 10 mil crianças assassinadas em cinco anos, sem uma ação concreta para mudar essa tragédia. São 60 crianças abandonando a escola por minuto do período letivo, e o problema não tem sido do MEC, que cuida das que estão dentro da sala de aula.

Uma Secretaria Presidencial seria capaz de cuidar do abandono (esse sinônimo agravado de discriminação) das crianças como já se fez com bons resultados contra a discriminação de negros, mulheres, jovens e índios.

c) *Criar programa para a erradicação do analfabetismo no Ministério da Justiça / Secretaria de Direitos Humanos.* O Ministério da Educação não consegue perceber que alfabetização é mais do que um ato educacional, é um ato de direitos humanos. O MEC está para a alfabetização de adultos assim como o médico e o Ministério da Saúde estão para o torturado. Poderia consertar o malfeito, mas não erradicar o mal. O analfabeto adulto é uma pessoa sob tortura permanente. Só a instituição que cuida dos direitos humanos é capaz de ter a motivação da luta pela erradicação do analfabetismo, sobretudo dispondo dos meios necessários em uma Subsecretaria dedicada exclusivamente a essa finalidade.

d) *Garantir descentralização gerencial. A federalização da educação* significa construir uma *escola do tamanho do Brasil* – 162 mil escolas públicas com um padrão de qualidade equivalente para todas as 48 milhões de crianças e adolescentes em idade escolar, para os 1,4 milhão de professores, além daqueles que deverão ser encontrados, e também para os 14 milhões de jovens e adultos analfabetos e seus alfabetizadores, empresas, trabalhadores, todos mobilizados em torno de uma revolução educacional geral no País. Mas a *federalização da qualidade* só será eficiente com a adoção da *descentralização gerencial* por escola. A centralização gerencial nas mãos da burocracia estatal, especialmente a distante federal, vai amarrar as escolas. A mobilização nacional pela educação tornará pais, professores e servidores da educação capazes de uma gestão mais eficiente, desde que constantemente fiscalizada pelo *Cartão Escolar de*

Acompanhamento e pelo *Sistema Nacional de Avaliação*. A federalização da coordenação de responsabilidades e padrões exige descentralização gerencial nas mãos dos estados e municípios e até mesmo nas mãos de cooperativas de pais e mestres, independentes do poder político.

2. Criar a *Carreira Nacional do Magistério*

Não há possibilidade de assegurar qualidade igual em todas as escolas do Brasil sem igualar a qualificação, a dedicação e, para isso, equiparar em níveis elevados o salário dos professores nacionalmente. Isso exige a *Carreira Nacional do Magistério*, que permitirá **padrões nacionais de salário, formação e dedicação do professor** nos moldes do que ocorre nos órgãos federais, a exemplo o Banco do Brasil, Caixa Econômica, Correios, Justiça, Ministério Público, Universidades Federais, Escolas Técnicas, em que o servidor tem salário estabelecido nacionalmente e é selecionado por concurso nacional.

Essa carreira seria implantada em todo o Brasil ao longo de 20 anos, com concursos federais para a seleção anual de cerca de 100 mil novos professores a cada ano. Provavelmente, porém, a partir do sucesso dos primeiros anos, será possível implantar essa revolução em um ritmo mais rápido. Depois de cinco anos de salários altos e boas condições de trabalho, os concursos para professores federais atrairão um número crescente de jovens.

Para tanto, basta ampliar para todo o País a *carreira* dos professores das escolas federais de base: Colégio Pedro II, Escolas de Aplicação, Colégios Militares, Escolas Técnicas de nível médio. Essa *Carreira Nacional do Magistério* deverá valorizar muito, formar bem, exigir dedicação, motivar constantemente, avaliar sempre e cobrar o respeito pelo professor.

a) *Valorizar muito*. A federalização dos atuais professores, apenas elevando seus salários, traria impacto limitado na qualidade da educação, se eles continuarem com a mesma qualificação, mesma dedicação e contando com os mesmos equipamentos. Para sua implantação, a *Carreira Nacional do Magistério* deve contratar cem mil novos professores por ano, em concurso nacional, pagando um salário médio de R$9.000 por mês.

b) *Formar bem*. Os professores da *Carreira Nacional do Magistério* serão escolhidos por concurso público nacional, entre profissionais formados em universidades consideradas do tipo A pelo MEC. Só poderão fazer o concurso os profissionais que tenham concluído seus cursos com notas entre os 20% melhores alunos. Depois de selecionados, eles teriam que fazer um curso de um ano, e serem aprovados, nas Escolas Normais Superiores do MEC. Ao longo de sua vida útil, o professor federal terá que cumprir um período de seis meses de licença sabática[25] a cada sete anos de exercício, para se submeter a um curso de atualização na sua área e em Pedagogia.

c) *Exigir dedicação*. Depois de concluído o curso, os professores serão enviados para as cidades onde serão implantadas as *CEBIs*, como ocorre com servidores de órgãos federais. O professor que passa em concurso para o Colégio Pedro II é indicado para o Rio de Janeiro. Dele será exigida absoluta *dedicação exclusiva* à escola que lhe for atribuída. Todas as escolas dessas cidades terão as condições que se espera alcançar em todas as 197 mil (públicas e privadas) do Brasil, dentro

---

[25] O Projeto de Lei do Senado PLS 433/2007, apresentado pelo autor deste texto em 06/08/2007, cria a licença sabática para os atuais professores: "Insere o inciso VII no art. 67 da Lei nº 9.394, de 20 de dezembro de 1996, para dispor que as licenças periódicas dos profissionais da educação tenham a duração mínima de um ano e sejam concedidas pelos sistemas de ensino a cada sete anos de trabalho". Atualmente, o projeto de lei tramita na Câmara dos Deputados sob o número PL 03133/2008.

de no máximo 20 anos. A distribuição dos novos professores federais em escolas sem condições, perdidos no sistema tradicional, não provocaria o impacto desejado.

d) *Motivar constantemente.* O MEC deverá dispor de meios para incentivar constantemente o professor, como viagens de formação, cursos, garantia de livro gratuito, programa habitacional, centros especiais para férias.

e) *Avaliar sempre.* Para definir se o professor federal cumpre suas funções, serão feitas avaliações anuais e entrevistas com um corpo especial de avaliadores, que também entrevistarão colegas professores, pais e alunos. Além disso, será levado em conta na avaliação de cada professor o resultado da respectiva escola.

f) *Seleção competente e comprometida.* Nenhuma outra seleção é tão importante quanto a escolha das pessoas que vão cuidar da educação de nossas crianças. Temos de cuidar dessa seleção como se escolhêssemos pilotos para a viagem do Brasil rumo ao futuro. Por isso, não se pode escolher professores despreparados. A seleção de nossos professores deve ser a mais rígida do Brasil. E o salário aqui proposto pode atrair candidatos preparados. Mas para identificar o conhecimento dos professores não basta um concurso, é preciso uma seleção que identifique a vocação, a capacidade de dedicação do professor e a satisfação que ele terá no exercício de sua atividade, além do salário que receberá. A seleção competente e comprometida não pode ser feita com base apenas em exames objetivos, serão necessárias também avaliações subjetivas. O candidato deve ser analisado pelo desempenho de aulas e por entrevistas que demonstrem seu preparo, sua *anima*, para o exercício da mais nobre das profissões, o professor da Educação de Base.

g) *Cobrar respeito pela educação.* Além da dedicação

exclusiva, os professores federais deverão se submeter a um regime de *estabilidade democrática e responsável*. *Estabilidade*, porque nenhum sistema educacional funcionará corretamente se o professor não dispuser de estabilidade diante dos governantes, diretores e demais dirigentes. *Democrática e responsável*, porque essa estabilidade não deverá, como hoje, proteger o professor que não cumprir com sua função de fazer a revolução educacional que o Brasil precisa fazer. Os professores deverão ter um regime de *estabilidade democrática, republicana, responsável*, de maneira que terão seus cargos protegidos da política e da vontade dos dirigentes, mas podendo perder o cargo em caso de descumprimento de suas responsabilidades republicanas para com o País e suas crianças.

3. Criar o *Programa Federal de Qualidade Escolar para a Educação Integral em Escola com Horário Integral*

Os professores contratados pela *Carreira Nacional de Magistério* seriam lotados em escolas criadas pelo *Programa Federal de Qualidade Escolar para a Educação Integral em Escola com Horário Integral* construídas para oferecer conforto e equipadas para oferecer o máximo de eficiência pedagógica, incluindo os equipamentos de ensino por meio da informática e da teleinformática, como lousas inteligentes substituindo os superados quadros-negros, além de equipamentos de esporte e arte, todos eles funcionando em horário integral: *uma educação integral e escola com horário integral - EIEHI*.

O Governo Federal, ao lado da *Carreira Nacional de Magistério*, se responsabilizaria, junto com as prefeituras e governos estaduais, pela reconstrução ou construção de todas as escolas das cidades escolhidas, do equipamento delas com o que houver de mais eficiente no apoio pedagógico, do apoio para a oferta de atividades complementares por pelo menos seis horas diárias. A soma de todas essas novas escolas forma as *Cidades com Escola Básica Ideal*.

4. Realizar a revolução republicana na educação em todo o País, por meio da *Cidade com Escola Básica Ideal*, em até 20 anos, por cidades.[26]

A *Cidade com Escola Básica Ideal* é a *Carreira Nacional do Magistério* somada ao *Programa Federal de Qualidade Escolar para a Educação Integral em Escola com Horário Integral* em todas as escolas da cidade.[27] O conceito de *Cidade com Escola Básica Ideal* não consiste em construir e fazer funcionar escolas especiais, como os CIEPs, mas sim em revolucionar toda a cidade, **todas as suas escolas** e, além disso, construir teatros, montar bibliotecas, quadras esportivas, praças com locais de jogos de xadrez, promover debates. A cidade fica educativa.

Não há fórmula milagrosa para apressar a revolução na educação em todo o País, mas a lentidão com que estamos avançando, sem revolucionar, somada à ausência de unidades escolares de qualidade, como os raros CIEPs e as poucas escolas federais, além de algumas escolas municipais e estaduais funcionando em horário integral, não permitirão fazer a revolução educacional de que o Brasil precisa.

a) *Fazer a revolução por cidades implantando nelas o Programa Escola Básica Ideal*, pelo qual *todas as escolas de cada cidade-polo* sejam revolucionadas: salários, formação, de-

---

[26] O projeto de Lei do Senado 320/08 propõe a criação da *Carreira Nacional do Magistério* e o *Programa Federal de Qualidade Escolar para a Educação Integral em Escola com Horário Integral*.
[27] Em 2003, o MEC iniciou esse programa em 28 cidades. Foi necessário planejar e reformar o orçamento do Ministério, no Congresso, o que só foi obtido em outubro daquele ano. O dinheiro só foi transferido aos prefeitos em dezembro, mas em janeiro o Ministro foi substituído e o programa parou. Contando apenas com recursos do próprio MEC e sem apoio para levar projetos de lei ao Congresso, sobretudo por pressão das corporações, aquele início de *Cidade com Escola Básica Ideal* ainda não contava com a *Carreira Nacional do Magistério*.

dicação e avaliação dos professores federais; prédios e equipamentos; e implantação do horário integral, em todas as escolas de cada município, além da criação de um ambiente social favorável à educação em toda a cidade. Estima-se que a jornada integral tenha chegado, ao final de 2010, a 10 mil escolas públicas em todo o Brasil.[28] Nesse ritmo, seriam necessárias décadas para implantar o horário integral em todas as escolas públicas do Brasil. A falta de recursos reais – disponibilidade de professores qualificados, prazos para construir e equipar, o ritmo do crescimento biológico dos verdadeiros beneficiados, as crianças – e os limites financeiros exigirão um longo processo de implantação em todo o País. A solução é revolucionar cada cidade em apenas dois anos, e espalhar o conceito educacional dessas cidades por todo o Brasil ao longo de 20 anos. Um processo imediato na profundidade municipal e no ritmo possível no horizonte territorial, com a adoção do programa *Cidade com Escola Básica Ideal* por cidades. Para essas cidades, todos os professores seriam da *Carreira Nacional do Magistério* e todas as escolas implantadas pelo **Programa Federal de Qualidade Escolar para a Educação Integral em Escola com Horário Integral**.

Com a vontade do presidente da República, em quatro anos é possível executar essa reforma em até mil cidades, começando pelas pequenas. A cada dois anos, um conjunto de novas cidades teria todas as suas escolas no padrão que se deseja para todo o Brasil daqui a 20 anos.[29] Para a escolha das cidades, será preciso que o Estado e o Município se disponham

---

28 Com apoio do Programa Mais Educação – MEC.
29 Uma alternativa à implantação por cidades seria a implantação da Revolução Educacional em todo o território brasileiro, por série escolar. No primeiro ano, toda a primeira série do Ensino Fundamental, no seguinte acrescenta-se a segunda série, até que, em 13 anos, todas as séries estejam incluídas, até o final do Ensino Médio. Essa estratégia, no mínimo complexa do ponto de vista logístico, é provavelmente impossível, pois implica ter salas especiais e novos professores especiais ao lado de salas deficientes e dos professores atuais. O longo espaço de 20 anos carrega a incerteza quanto à receptividade e o envolvimento com as populações e serviços adotados.

a assumir parte do investimento, que todas as lideranças políticas e da sociedade civil assumam o compromisso de levar adiante o programa, quaisquer que sejam os resultados eleitorais no futuro.

Para ser selecionada como *Cidade com Escola Básica Ideal*, cada cidade deverá firmar um *pacto entre pais, professores, servidores e gestores escolares e líderes políticos*, de atendimento das reivindicações dos professores e de rejeição de greves como o caminho para reivindicações, e de garantia da continuidade da revolução educacional na cidade, ao longo das sucessivas administrações no futuro.

b) *Ampliar a jornada escolar e do ano letivo*. Não há educação de qualidade com menos de seis horas diárias de aula, como garantem as classes média e alta aos seus filhos, se somarmos as horas na escola com as atividades complementares. Mas no Brasil, as escolas públicas fazem de conta que oferecem turnos de quatro horas, em 200 dias por ano. Na verdade, essas 800 horas anuais não chegam a 400, quando são descontados os "feriados" adicionais, manifestações, as greves e as reuniões de planejamento, as faltas, além das aulas suspensas, dos tempos vagos ao longo do dia. Nas cidades que farão parte da Revolução Republicana na Educação o período escolar será elevado para 1.200 horas por ano de atividade escolar: 200 dias letivos e seis horas de efetiva atividade escolar por dia, aulas e demais atividades de aprendizado e cultura.

c) *Para fins educacionais*, comemorar todos os feriados na segunda ou sexta-feira mais próxima, como forma de evitar as perdas pedagógicas da interrupção de aulas no meio da semana.

d) *Fazer a evolução nas demais cidades do Brasil*. Paralelamente à implantação da *Cidade com Escola Básica Ideal* nas cidades escolhidas, as demais teriam incentivos para implantar o horário integral em parte de suas escolas, realizando melhorias na qualificação e remuneração dos seus professores, enquanto as escolas são reconstruídas e equipadas.

e) *Certificação federal*. Nas cidades onde ainda não houver a *Carreira Nacional do Magistério* nem o *Programa Federal de Qualidade Escolar para a Educação Integral em Escola com Horário Integral*, deve ser implantado o *Sistema de Certificação Federal do Magistério*, outorgado com base em concurso nacional, realizado anualmente. Os professores do Brasil poderão fazer cursos de formação e de reciclagem para auxiliá-los a passar na seleção para ingresso na *Carreira Nacional*. Aqueles que não passarem para a nova carreira, mas demonstrarem aproveitamento dos cursos, receberão uma complementação salarial, paga pelo Governo Federal.[30]

f) *Fim da promoção automática*. A Revolução na Educação de Base certamente eliminará a epidemia de repetência, mas enquanto ela não é feita em todo o País, a solução para esse problema não pode ser a promoção automática. Promover um aluno que não aprendeu o previsto para aquele ano letivo é como dar alta a um doente com base nos dias de hospitalização, antes de ele estar curado. A promoção automática deve ser abolida. Mas manter um aluno reprimido, com alunos em idade defasada, certamente vai significar desincentivo e provavelmente abandono escolar. A solução, como usada no Distrito Federal entre 1995 e 1998, consiste em permitir que o aluno não aprovado acompanhe seus colegas pela idade, mas ao mesmo tempo recebendo formação complementar com assistência especial.[31]

---

30 Esse *Sistema de Certificação Federal do Magistério* foi iniciado pelo MEC em 2003 e paralisado em 2004. Aparentemente, falou-se em sua volta em 2011, quase dez anos depois.
31 Esse sistema foi usado no Distrito Federal, entre 1995 e 1998, com bons resultados.

g) *Implantação de OCAs – Oficinas de Ciências, Cultura e Arte.* Esses serão centros para atender grupos de escolas, oferecendo aulas e práticas nas áreas das ciências, da matemática, das artes. A ideia desses centros surgiu em discussões e vem sendo defendida por diversos professores e cientistas, em torno à SBPC, Sociedade Brasileira para o Protgresso da Ciência. Devo o conhecimento dela ao Físico e Professor Ennio Candotti, ex-presidente da SBPC. A um custo reduzido, as OCAs permitiriam complementar as fragilidades do sistema educacional vigente com contraturnos nos quais os alunos teriam a possibilidade de complementar a formação. Além disso, as OCAs oferecem os laboratórios e instalações de que as escolas atuais não dispõem. O funcionamento dessas OCAs deve contar com alunos de graduação, servindo como centro de formação prática para eles. Cada uma dessas OCAs custa R$3 milhões anuais.

h) *Valorização e prática do trabalho manual.* Foi provavelmente a histórica tradição de divisão social brasileira que levou ao menosprezo da prática do trabalho manual. Em função disso, a educação tem dado prioridade ao desempenho cerebral, desprezando o enorme potencial de capacidade de crianças e jovens para atividades basicamente manuais, seja nas artes e no artesanato ou outras atividades. A educação plena de cada criança e o potencial de muitas delas exigem o apoio da escola à atividade dos trabalhos manuais.

i) *CAPEB – Coordenação para o Aperfeiçoamento de Professores da Educação de Base.* Nos moldes da CAPES, a CAPEB incentivará e dará apoio à formação dos professores de Educação de Base. O MEC já acenou na direção dessa CAPES da Educação de Base, mas ela não recebeu a necessária ambição e não decolou. A educação não pode mais adiar essa atividade, de forma ambiciosa, capaz de atender cada professor pelo menos uma vez a cada sete anos de atividade pedagógica, em cursos de cerca de seis meses. Isso significaria ter um rodízio com cerca de 25 mil professores sempre em formação.

j) *Implantação de Museus Naturais, Históricos e Artísticos em cada cidade.* Ao lado das bibliotecas, os alunos precisam de museus que complementem sua formação. Por isso, é preciso uma imensa rede de museus, maiores ou menores, capazes de atrair e instruir os alunos, tanto em relação à natureza – botânica, zoologia e geologia – quanto a artes plásticas em geral.

5. Definir padrões nacionais para todas as escolas brasileiras

Com a municipalização e a estadualização da Educação de Base, as escolas são administradas segundo a vontade e os recursos dos prefeitos e governadores. A consequência é uma diferença radical na qualidade de nossas escolas, como se elas não formassem crianças do mesmo país. A implantação do programa *Escola Básica Ideal (Carreira Nacional do Magistério* somada ao *Programa Federal de Qualidade Escolar para a Educação Integral em Escola com Horário Integral)* levará à convergência da qualidade em todas as escolas das cidades, mas não nas demais cidades. Para evitar essa situação nas outras cidades, o caminho é definir padrões nacionais para todas as escolas públicas, independentemente da cidade onde estejam.

a) *Padrões Nacionais para as edificações e equipamentos das escolas.* Nos dias de hoje, os equipamentos escolares estão entregues às possibilidades e vontades dos prefeitos e governadores. O resultado é que, das 162 mil escolas básicas da rede pública, 4 mil não têm água, outras 20 mil não têm luz, quase nenhuma tem o número de salas de aula e cadeiras necessárias para todas as crianças matriculadas, raríssimas têm computadores e televisão em uso, ou professores com a formação necessária para usá-los adequadamente. O Governo Federal não dispõe de nenhum instrumento legal para mudar essa realidade. Para definir *padrões mínimos de construção e equipamento*, será necessária uma **Lei Federal de Habite-se Escolar**, que definirá as condições necessárias para a modernização dos prédios e equipamentos das escolas brasileiras. Esse *Habite-se Escolar* (edificações e equipamentos)[32] impedirá que os prefeitos inaugurem escolas em prédios que não atendam aos pré-requisitos modernos, em termos de construção e equipamento.

b) *Padrões Nacionais Mínimos para o Conteúdo Escolar.* A municipalização e a estadualização deixaram o conteúdo escolar ao arbítrio, ao descaso ou falta de recursos de cada governo estadual ou municipal, mesmo que existam linhas gerais de um currículo mínimo. O resultado é um atraso geral e um desequilíbrio completo entre as escolas, no que se refere ao aprendizado dos alunos. É comum que prefeito e governador resolvam a falta de professores suspendendo as disciplinas.

O Brasil precisa de uma *Lei do Conteúdo Básico Mínimo*[33] a ser seguida em cada uma das 1,3 milhão de salas de aulas do Brasil. Obviamente, sem o rigor unificador dos anos

---

[32] O autor deste texto apresentou o Projeto de Lei do Senado PLS 525 de 2009, em 25/11/2009: "Institui as condições mínimas nacionais para a construção, adequação e equipamento pedagógico de estabelecimentos escolares de educação básica". Versa o projeto: Art. 1º Fica instituída a necessidade de "habite-se escolar" para permitir o funcionamento das instalações educacionais creches, pré-escolas, centros de educação infantil, escolas de Ensino Fundamental e escolas de Ensino Médio. Art. 2º O MEC definirá as condições civis mínimas de construção e equipamentos necessários para justificar a autorização de funcionamento da escola. § 1º A desobediência ao disposto no art. 1º constitui, ainda, o impedimento de o Chefe do Poder Executivo concorrer à reeleição ou candidatar-se a outro cargo eletivo enquanto durar a apuração das irregularidades da construção. Art. 3º O habite-se escolar será concedido pelo prefeito, dentro das normas previstas pelo MEC.

[33] O autor deste texto apresentou Proposta de Emenda à Constituição, PEC 48 de 2007, em 28/05/2007, que "Altera o art. 210 da Constituição Federal, para fixar conteúdos mínimos para o Ensino Fundamental e Médio, e assegurar formação básica comum e respeito aos valores culturais e artísticos, nacionais e regionais".

1930, quando o então Ministro Capanema afirmava saber o que estava sendo ensinado naquele exato instante em cada sala de aula do País, mas com o vigor revolucionário de equilibrar a qualidade das escolas brasileiras, independentemente da cidade onde estejam e da renda da família dos alunos. É urgente definirmos a idade em que as crianças estejam alfabetizadas, o que aprenderão minimamente em cada disciplina, em cada ano de estudo. O prefeito, o governador, pais e professores poderão ampliar – mas nunca reduzir – o conteúdo mínimo definido nacionalmente.

Além da padronização do conteúdo, como caminho para oferecer educação com a mesma qualidade nas 162 mil escolas públicas do Brasil, será forçoso modernizar o conteúdo, para servir ao futuro do País e à integração das crianças na vida moderna e global.

c) *Modernizar o conteúdo* implicará pelo menos 12 propósitos:

i. ética no comportamento pessoal;
ii. solidariedade social e os direitos humanos;
iii. respeito à natureza;
iv. respeito à diversidade étnica;
v. indignação diante de preconceitos e injustiças;
vi. habilitação para o uso dos instrumentos de informática;
vii. aprendizado pleno de pelo menos um idioma, além do português, especialmente o inglês e o espanhol;
viii. gosto pela cultura;
ix. hábitos social e fisicamente saudáveis;
x. ensino de matemática e ciências;
xi. capacidade de aprender e reaprender;
xii inserção de cada aluno na perspectiva do aprendizado contínuo e permanente ao longo da vida.

Tudo isso, desde as primeiras séries do Ensino Fundamental.

d) *Complementar a escola*, o que significa ir além do horário integral, adotar no processo educacional a prática de esportes, o exercício das artes, a reflexão filosófica, as atividades de voluntariado, as habilidades do empreendedorismo.

Não será possível realizar esse propósito em poucos anos, mas é imprescindível iniciá-lo já, nas cidades onde for implantado o programa *Cidade com Escola Básica Ideal*, naquelas em que prefeitos e governadores participem da revolução educacional e, na medida do possível, em todas as escolas.

6. Estabelecer uma *Lei de Metas para a Educação* e uma *Lei de Responsabilidade Educacional*[34]

Anualmente, a União submete todas as Unidades da Federação ao cumprimento da *Lei de Diretrizes Orçamentárias*. Precisamos de uma *Lei Federal de Metas para a Educação*.

A *Lei de Metas para a Educação* definiria os propósitos nacionais de longo prazo para a educação brasileira. O quadro a seguir lista, como exemplo, metas de longo prazo para a educação. Esse quadro foi apresentado ao Presidente Lula em 2003, por seu Ministro da Educação de então, poucos meses antes de ser afastado do cargo. Aqui foram ajustados os prazos, para compensar os oito anos perdidos. Essas metas seriam ajustadas anualmente pela lei.

Os padrões mínimos de curriculum básico unificado e a *Lei de Metas para a Educação* de pouco adiantarão, se o Brasil não dispuser de uma legislação que garanta sua implantação. A *Lei Federal de Responsabilidade Fiscal* se aplica a todos –

---

34 O PLS 540/2007 do autor deste livro propõe a Lei de Responsabilidade Educacional: "Insere o art. 72-A na Lei Complementar nº 101, de 4 de maio de 2000, para prever a responsabilização dos gestores municipais que descumprirem deveres de natureza educacional".

administrações federal, estaduais e municipais –, exigindo que seus dirigentes cumpram as metas fiscais. Mas nenhuma lei federal compromete os governantes com a educação das nossas crianças. O instrumento disso é uma *Lei Federal de Responsabilidade Educacional*.

Se a *Lei de Responsabilidade Fiscal* é importante para o saneamento das finanças públicas, a *Lei de Responsabilidade Educacional* é fundamental para o futuro social, econômico e ético do Brasil. A *Lei de Responsabilidade Educacional* definiria a inelegibilidade para os que não conseguissem cumprir as metas anuais, nos moldes do que hoje define a *Lei de Responsabilidade Fiscal*.

Quadro 25

Metas definidas para a Educação no Brasil em 2003	
Metas definidas para a educação no Brasil. É possível. A hora é esta.*	
100% das crianças até 14 anos de idade na escola	2018
100% das crianças até 17 anos de idade na escola	2022
O trabalho infantil abolido no Brasil	2018
A prostituição infantil abolida no Brasil	2018
O Brasil alfabetizado	2018
Toda criança alfabetizada até os dez anos de idade	2018
96% das crianças terminando a 4ª série	2022
80% das crianças terminando a 8ª série	2022
80% dos jovens até 17 anos de idade concluindo o Ensino Médio	2027
O Brasil ocupando posições de destaque no Programa Internacional de Avaliação dos Estudantes	2027
Toda escola de Ensino Fundamental com horário integral	2022

* Cabe informar que desde então, a Lei do Piso Nacional Salarial do Professor, (Lei 11.738/08) sancionada em 16/07/2008, de iniciativa do autor deste texto, está em vigor. Essas metas foram cumpridas. O piso salarial, pela lei pela 11.738, de 16 de julho de 2008; o PAE foi transformado em PROUNI. E a Universidade Aberta foi criada pelo Decreto nº 5.800, de 8 de junho de 2006.

Quadro 25 - Continuação

Metas definidas para a Educação no Brasil em 2003	
Metas definidas para a educação no Brasil. É possível. A hora é esta.*	
Toda escola de Ensino Médio com horário integral	2022
Novo ensino profissionalizante implantado	2016
Matrícula garantida a todas as crianças a partir dos 4 anos de idade	2018
Apoio nutricional e assistência pedagógica a todas as crianças de 0 a 3 anos	2018
Todos os professores com formação adequada	2018
O Programa de Valorização e Formação do Professor implantado	2015
O salário médio do professor duplicado	2019
O piso salarial do professor definido [2*]	2027
O Sistema Brasileiro de Formação do Professor implantado	2016
Toda escola recuperada nas suas instalações físicas, com prédio de boa qualidade	2022
Toda escola com equipamento moderno e com digitalmente incluída	2022
Um novo projeto para a universidade brasileira definido	2021
O PAE criado *	2027
A Universidade Aberta do Brasil implantada *	2027
Toda desigualdade de renda, de classe, de gênero, de região, de raça e de deficiência física no acesso à educação abolida	2027

* Cabe informar que desde então, a Lei do Piso Nacional Salarial do Professor, (Lei 11.738/08) sancionada em 16/07/2008, de iniciativa do autor deste texto, está em vigor. Essas metas foram cumpridas. O piso salarial, pela lei pela 11.738, de 16 de julho de 2008; o PAE foi transformado em PROUNI. E a Universidade Aberta foi criada pelo Decreto nº 5.800, de 8 de junho de 2006.

7. Valorizar muito, formar bem, avaliar sempre, motivar constantemente e cobrar respeito pelo professor da carreira tradicional

O Brasil tem cerca de dois milhões de professores na Educação de Base, cujo heroísmo e dedicação permitem manter em funcionamento a rede de escolas públicas, apesar de todo o abandono por parte das autoridades e da sociedade.

Mas os professores estão desmotivados, por causa da má remuneração, da degradação do espaço de trabalho, da falta de equipamentos, dos resultados insatisfatórios de seu esforço. A maior parte deles está sem motivação ou formação para construir a escola do século XXI. As pesquisas mostram que até 79% dos professores da rede pública da Educação Básica no Brasil estão descontentes.[35] O grande salto para a Revolução Republicana na Educação Brasileira estará na criação da *Carreira Nacional do Magistério*. Mas a carreira só estará implantada em todo o território nacional ao longo de anos, sendo necessário valorizar, formar, motivar e cobrar também os professores que continuarem no plano atual das Carreiras Municipal e Estadual.

O Brasil só será um país educado quando, ao nascer uma criança, seus pais sonhem que ela siga a profissão de professor da Educação de Base. Mas isso não acontece hoje, e o magistério é visto como atividade secundária, sem importância. A definição de um nível mínimo para o salário e para a formação do professor é um passo fundamental. Quando este texto foi escrito inicialmente, o Brasil ainda não dispunha de um Piso Nacional para o salário do Magistério. Felizmente esse Piso foi implantado, com a sanção do Presidente da República, em 16 de junho de 2008, por lei originada no Senado, de iniciativa do autor deste texto. Mas será preciso ir além e aumentar esse piso. A revolução educacional só ocorrerá se o magistério atrair os quadros mais brilhantes da juventude brasileira, e se eles tiverem boa formação e forem dedicados ao trabalho. Só então o professor da Educação de Base será tratado como o profissional mais respeitado da sociedade brasileira. Para isso, serão

---

35 Grupo Ibope, a pedido da Fundação Victor Civita, 2007. Foram ouvidos 500 docentes da rede pública de ensino das capitais de todos os Estados. A instabilidade financeira é um dos principais fatores para o descontentamento da categoria com o trabalho. Somente 32% dos professores afirmam tê-la conquistado, mas 90% deles a consideram condição fundamental para uma boa qualidade de vida.

necessários gestos revolucionários em termos de remuneração, formação e reconhecimento, mas também de cobrança de dedicação por parte do professor:

a) ***A nova conceituação do professor.*** Desde o surgimento da escola, na Grécia e Roma clássicas, o professor é, basicamente, um profissional do mesmo tipo: um artesão do saber, esculpindo o aluno, graças ao seu conhecimento da matéria que ensina e aos recursos pedagógicos de que dispõe. Entre os impérios grego e romano e o mundo do século XIX, as únicas mudanças foram o uso do quadro-negro, a partir de sua invenção no século XVIII pelo escocês professor de geografia James Pillans. A partir do começo do século XX, a educação deu um salto teórico com as visões ideológicas da Nova Escola, pelas quais o aluno é visto como parte ativa do processo, sob as diferentes propostas de Dewey, Piaget, nosso Paulo Freire e centenas de outros educadores, até a visão de "desescolarização" de Ivan Illich. Mas, daqui para a frente, o conceito de professor deverá evoluir para uma nova profissão, capaz de utilizar os modernos equipamentos criados pela revolução tecnológica das últimas décadas.

A revolução da teleinformática exige uma mudança na própria característica do trabalho do professor. Do professor solitário, artesão, ao professor coletivo, formado por três profissionais: aquele que conhece a matéria, o especialista em programação visual que dá forma dinâmica à aula com equipamentos computacionais e televisivos e o especialista em disseminar a aula além da sala de aula, com recursos da teleinformática. Cada escola deverá ter seu professor e os demais profissionais para assessorar na elaboração das aulas.

Cada professor foi capaz de aprender a usar sozinho o quadro-negro, mas não será facilmente capaz de usar todos os recursos que o computador e o desenho gráfico permitem, ainda menos será capaz de usar os meios disponíveis hoje pela Educação a Distância.

Além dos dois milhões de professores existentes atualmente, as 162 mil escolas públicas precisarão de pelo menos 300 mil profissionais da área de desenho computacional e teleinformática.

b) *A localização do professor.* Como todas as demais profissões no Brasil, o professor se transformou em título, não mais em função. É o resultado do patrimonialismo brasileiro, que privilegia o ter, não o ser. A revolução na educação tem que fazer o óbvio: professor é quem, além de ter o título, está na sala de aula. Um professor que ocupa o cargo de parlamentar, deputado ou senador, e está fora da sala de aula, não é professor. Isso vale para todo desvio de atividade do magistério para outras funções. Se não faz magistério, o professor não é professor. As políticas de remuneração, apoio e benefícios devem apoiar o professor em sala de aula ou na direção da escola, e não aquele em desvio de função. Isso é óbvio, mas, no Brasil, precisa ser dito.

c) *A motivação do professor.* Essa talvez seja a mais importante e mais difícil tarefa para fazer a revolução na educação. O envolvimento dos professores só será possível com um grande movimento nacional, sob a liderança de um presidente motivador, contando com um grande pacto nacional que permita garantir o prestígio mais absoluto aos professores, enquanto lhes assegura todo o apoio e, em consequência, exerça todos os apelos e avaliações. O professor é composto de cabeça, coração e bolso, e ele tem que ser prestigiado e exigido nestes três aspectos: a formação, a dedicação e a remuneração. Mas ele é composto também de ouvido para escutar os alertas e cobranças.

d) *Criar uma Rede Nacional para a Formação de Professores*. No governo Lula, em janeiro de 2004, foi consolidada uma rede de 90 universidades para oferecer complementação à formação dos professores. Mas isso está longe de bastar para a construção da nova escola de que o Brasil precisa. A revolução educacional exige a implantação de uma rede de instituições para a formação de professores, em universidades ou fora delas, dentro do Ministério da Educação Básica ou no ministério que cuide do Ensino Superior. Essas unidades para a formação de professores permitirão, em primeiro lugar, realizar a imediata atualização dos conhecimentos dos professores atuais, e formar em pós-graduação os novos professores da *Carreira Nacional do Magistério*, que vão completar o desafio revolucionário de educar o Brasil nos padrões que o mundo moderno exige.

e) *Garantir bolsa de estudos para todo aluno universitário em curso de licenciatura nas áreas consideradas prioritárias para o Ensino Médio*. Para universalizar o Ensino Médio, o Brasil precisa de ao redor de 250 mil professores, a maioria em quatro disciplinas: matemática, física, química e biologia. Nas demais também faltam professores.

Enquanto o programa da *Cidade com Escola Básica Ideal* vai sendo implantado por cidades, a revolução na educação vai exigir um esforço imediato e emergencial para formar esses professores. Diante da incapacidade das universidades estatais em absorver tantos alunos nessas áreas, será preciso atrair e assegurar a formação de professores em faculdades particulares, desde que com qualidade comprovada. Para tanto, o Ministério da Educação deve garantir bolsas-mensalidade integrais, em escolas particulares, e ainda uma bolsa-salário complementar para aqueles jovens que desejarem seguir a carreira de professor do Ensino Médio, tanto para alunos nas faculdades estatais quanto nas particulares. Pagar o estudo de todo aluno universitário que deseje seguir carreira de magistério, licenciatura ou pedagogia, ou ser alfabetizador de adultos durante parte de seu curso universitário, e ainda oferecer uma renda complementar. Essa era a concepção original em 2003, quando a ideia do PROUNI (então com o nome de PAE – Programa de Apoio ao Estudante) foi formulada e enviada à Casa Civil da Presidência com a minuta do Projeto de Lei. Lamentavelmente, para o Brasil e sua educação, o projeto de lei não saiu da Casa Civil e a partir de 2004 essa concepção foi abandonada e foi feita a opção pelo PROUNI, que serve muito bem ao interesse do aluno e da faculdade, mas nem sempre ao interesse maior da educação.

f) Implantar o *Sistema de Residência Educacional*, nos moldes propostos pelo ex-Senador Marco Maciel, pelo qual o professor, depois de sua formação básica, receberá formação complementar ao lado de professores mais experientes, como acontece com a já tradicional residência médica.

g) Criar para os professores atuais da Educação de Base, como opcional, uma complementação salarial em troca da *Dedicação Exclusiva* à mesma escola, que será exigida a todos os professores da *Carreira Nacional do Magistério*. Da mesma forma, oferecer a todo professor *remuneração adicional conforme sua dedicação* e a consequente contribuição para o aprendizado de seus alunos. Um exemplo disso é o 14º salário para os professores e servidores das escolas que tenham dado saltos nos resultados do desempenho de seus alunos, de um ano para o seguinte.[36]

---

[36] O Projeto de Lei do Senado nº 319 de 2008, apresentado pelo autor, propõe esse benefício do 14º salário

h) *Proibir a substituição de professor* durante o ano letivo, salvo nas graves exceções por impossibilidade física, demissão, morte.

i) Retomar os *projetos de valorização do professor*, iniciados em 2003, como o financiamento para a *casa própria* do professor, doação de *livros* para que todo professor possa complementar sua *biblioteca pessoal*, *bolsa federal* de incentivo à formação, doação ou financiamento para a *aquisição de computador* pessoal.

j) Criar um *Conselho Nacional do Magistério*, similar aos existentes para outras profissões, com a finalidade de definir regras, apoiar e fiscalizar o desempenho dos professores brasileiros.

8. Implantar uma Rede de Centros de Pesquisas e Desenvolvimento da Educação

Mesmo com a modernização de equipamentos, todas as medidas aqui sugeridas ainda se situam no tradicional sistema de ensino e aprendizagem, que já dura séculos. No momento atual, porém, como em todos os demais setores, está ocorrendo uma revolução nas técnicas do aprendizado, com base nos avanços das ciências da cognição. Até aqui, as revoluções pedagógicas se davam dentro da sala de aula, mas agora elas estão também e principalmente no setor de desenvolvimento científico e tecnológico, não apenas incluindo a mídia, como também os conhecimentos sobre o funcionamento do cérebro. As novas técnicas, tanto no uso de equipamentos modernos, quanto no salto seguinte, o uso do maior conhecimento da fisiologia cerebral e da neurolinguística, exigem um grande esforço de pesquisa e desenvolvimento. Se não quiser ficar para trás, o Brasil deve criar centros de excelência na área do desenvolvimento da educação, nos mesmos padrões dos outros centros de pesquisa, como INPE, Embrapa, IMPA, DCTA/ITA e outros. O caminho é fazer do INEP um instituto de pesquisas sobre educação, como era a intenção de seu criador, Anísio Teixeira. Uma prova do descaso com a educação é como o INEP perdeu sua vocação, transformando-se em mero aplicador de testes para avaliação e concursos. Além do Inep, precisa ser implantada uma rede de outros centros de pesquisas sobre Educação.

9. Qualificar a infraestrutura

O futuro de um país tem a cara de sua escola pública no presente. Escola maltratada e atrasada é futuro atrasado e desequilibrado. Não há como segurar alunos em escolas com prédios depredados e equipamento limitado ao velho quadro-negro. O prédio escolar tem de ser de qualidade, tanto quanto são de qualidade as edificações de bancos, *shoppings*. Além disso, tanto quanto a pobreza do aluno, a falta de qualidade da escola é um elemento decisivo de exclusão escolar: a escola feia, desconfortável e mal equipada expulsa alunos. Não há escola sem bons professores, mas de pouco adianta bons professores no mundo moderno sem os equipamentos necessários. A qualidade depende das edificações e dos equipamentos. No mundo atual, os equipamentos de teleinformática e multimídia são tão importantes quanto foi o quadro-negro desde o século XVIII. Além da implantação do *Programa Federal de Qualidade Escolar para a Educação Integral em Escola com Horário Integral* nas *Cidades com Escola Básica Ideal*, quatro programas são fundamentais para fazer a revolução na infra-estrutura das escolas, desde já:

a) *Construir pelo menos 30 mil escolas e reformar pelo menos 100 mil das atuais*. Um programa federal de reforma e construção vem sendo implantado há décadas, mas de forma modesta, sem ambição nem metas. É preciso definir como meta a garantia de que todas as escolas serão bonitas, confortáveis e bem equipadas. Essa reforma, além de tornar as escolas mais atraentes como merecem e exigem as crianças brasileiras, deve fazê-las mais seguras, tanto para garantir a paz quanto para evitar os roubos de equipamentos.

b) *Garantir equipamento moderno de ginástica, teatro, música e todas as atividades complementares.* A escola de quatro horas de aulas cabe entre quatro paredes; a escola em horário integral precisa ser complementada com quadras esportivas, auditórios de teatro, áreas para dança, espaços musicais. A *Revolução Republicana da Educação* exige que, em alguns anos, todas as escolas deverão dispor desses equipamentos, como as escolas das *Cidades com Escola Básica Ideal*.

c) *Garantir equipamento moderno de teleinformática e multimídia em todas as escolas.* É perfeitamente possível retomar e implantar em todo o País um programa nesse sentido, com um cronograma intenso, que siga a implantação do programa *Cidade com Escola Básica Ideal*, a um ritmo de 10% ao ano nas demais cidades, de forma que, dentro de 20 anos, todas as escolas brasileiras estejam integradas, dispondo de todos os modernos recursos pedagógicos de multimídia. Um desses recursos é o uso de *lousas inteligentes*. O quadro-negro é uma invenção absolutamente obsoleta nos tempos de computador, com *software* pedagógico e Google. O Brasil precisa determinar que no prazo máximo de 20 anos, todos os quadros-negros devem ir para os museus, substituídos por lousas inteligentes. São mais de 1,3 milhão de lousas para todas as salas de aula do país, o que custará ao redor de R$3 bilhões.

Por esse programa, todas as escolas beneficiadas serão

conectadas em rede, o que permitirá o uso local de sistemas pedagógicos de teleinformática, e cursos inteiros com base em programas de multimídia. Isso é perfeitamente possível, basta fixar metas para que, em poucos anos, todas as salas de aula do Brasil tenham a mais absoluta modernidade, como vem sendo feito há anos em escolas privadas e em tímidos programas nas escolas públicas, todas elas conectadas por uma imensa *infovia*, onde cada escola será um ponto de *info-rede* escolar.

d) ***Generalizar a leitura na escola***. O computador e a mídia não substituem o livro. Uma das maiores fragilidades da escola brasileira está no baixo índice de leitura entre os alunos. As principais causas são o pouco tempo de permanência do aluno na escola, a baixa escolaridade dos pais, a cultura antilivros do Brasil, a pequena exigência de leitura e a falta de livros. Além da ampliação do programa de livros didáticos, será preciso uma radical ampliação na dimensão e na qualidade das bibliotecas escolares. E uma mudança no método de ensino, para ampliar o tempo dedicado à leitura, com os incentivos e a cobrança de leitura. Ao mesmo tempo, é preciso dar apoio para a leitura em casa, com programas do tipo Mala do Livro.

10. Proteger as edificações e os equipamentos escolares

No Brasil, nenhum tipo de prédio é mais degradado do que nossas escolas públicas: vidraças quebradas, banheiros sujos, paredes manchadas. As escolas são os prédios que mais sofrem atos de vandalismo em todo o serviço público brasileiro. É comum ver uma escola totalmente depredada, ao lado de um posto de saúde integralmente respeitado. Como também são respeitadas as agências do Banco do Brasil, da Caixa Econômica, dos Correios e demais órgãos públicos.

Esse tratamento diferenciado decorre, em primeiro lugar, do descaso com a educação, quando comparada com as demais atividades públicas. Mas também porque os alunos não gostam da escola onde estudam; os jovens, em sua maioria, saem da escola antes da idade correta e, excluídos dela, não têm razão para respeitá-la; e as famílias não veem o valor do retorno dos ensinamentos que seus filhos recebem. A população se cala diante da depredação e do vandalismo da mesma forma que aceita a continuidade de longas e intermináveis greves, porque não veem valor na escola.

Talvez nenhuma outra desigualdade visual seja tão marcante socialmente quanto a diferença no cuidado das escolas públicas quando comparadas às escolas particulares que atendem as crianças ricas e de classe média.

O cuidado com a escola pública, por parte dos governos, trará imediatamente um respeito por seus edifícios e equipamentos. Mas isso não vai bastar para protegê-la do vandalismo contra os prédios e do roubo de equipamentos, sobretudo nos anos iniciais da revolução educacional. Por isso, além da campanha de conscientização e mobilização, será preciso:

a) Tratar como *crime hediondo* o desvio de verbas e toda forma de corrupção no sistema educacional.

b) Aprovar uma lei específica para *criminalizar com rigor o vandalismo nas escolas* e proteger as instalações escolares, para que elas sejam sacralizadas, como as igrejas. Além da conscientização, é preciso uma dura lei de criminalização dos atos de vandalismo nas escolas, com penas diversas, mas tolerância zero.

c) *Abrir as escolas à população*. A cada dia, as escolas se fecham mais atrás de muros e grades. É a forma imediata de proteção de seu patrimônio, também para evitar a contaminação de alunos com a violência e a droga que existem ao redor. Mas esses mecanismos de proteção terminam isolando a escola e afastando-a ainda mais da comunidade. O resultado é um incentivo ao vandalismo e à depredação. A revolução educacional vai exigir a abertura das escolas às famílias dos alunos e à comunidade ao redor, especialmente aos jovens desligados dela antes do tempo. Nas noites e nos finais de semanas, as escolas devem oferecer cursos especiais, seus equipamentos precisam ser colocados à disposição da população local, instalando obviamente um sistema de proteção contra a perversa criminalidade que caracteriza atualmente a sociedade brasileira.

d) Criar a *Agência Federal para a Coordenação da Segurança Escolar*.[37] Hoje, parte das nossas crianças deixa de frequentar as aulas por medo da violência entre a casa e a escola. E muitos professores e servidores abandonam o magistério por medo da rua ou da violência dentro da sala de aula. Muitos jovens deixam de se matricular em horário noturno por causa do risco. Para fazer a revolução pela educação, a violência ao redor da escola, na rua e na sala de aula precisa ser vencida. Para tanto, é preciso federalizar o assunto, criando a *Agência Federal para a Coordenação da Segurança Escolar*.

A Agência, situada no Ministério da Educação de Base, teria por finalidade apoiar o intercâmbio de experiências, fiscalizar, cobrar e coordenar o trabalho de segurança desenvolvido pelas polícias e outros órgãos locais, pelas secretarias de educação, por professores, alunos e servidores, buscando garantir segurança em torno às escolas e a paz na sala de aula.

---

37 Em 1998, o Governo do Distrito Federal criou o Programa Paz na Escola e o Batalhão Escolar da Polícia Militar. Em 14/05/2008, o autor deu entrada no PLS 191/2008, que trata do mesmo assunto.

11. Universalizar a frequência às aulas até a conclusão do Ensino Médio

Essa deve ser uma das metas a serem definidas pela Nação Brasileira, de maneira federal. Hoje, ao celebrarmos a universalização porque temos 97,5% das crianças em idade escolar matriculadas, estamos fazendo uma comemoração duplamente falsa: primeiro, porque é imoral comemorar o fato de 2,5% da população escolar estar fora da escola; e segundo, porque grande parte dessas 97,5% estão apenas matriculadas, não frequentam as aulas, não assistem, não estudam, não permanecem na escola até o final do Ensino Médio, não recebem educação de qualidade. Menos de 40% terminam o Ensino Médio, no máximo a metade com uma educação medianamente satisfatória. Temos, portanto, apenas 18% de nossas crianças de fato na escola e em escolas de fato. Para conseguir a real universalização, é preciso:

a) *Atender com cuidado as crianças em idade pré-escolar, com um programa de acompanhamento da alimentação e do desenvolvimento psicológico e pedagógico.* Não é possível suprir, de imediato, toda a demanda por creches, mas é preciso definir uma meta e começar a implantação desse programa, que já está aprovado graças a um projeto da ex-Senadora Heloisa Helena. De imediato, uma sugestão é utilizar o *Programa de distribuição de alimentos* com *brinquedos pedagógicos para as famílias pobres com crianças em idade pré-escolar.*

Além disso, treinar as mães que recebem a Bolsa Família para cuidar dos seus filhos e dos filhos de outras famílias, em creches domésticas. O governo do PT no Distrito Federal de 1995 a 1998 manteve, com o nome de *Cesta Pré-Escola*, um programa desse tipo com muito sucesso, mas esse programa seria melhor se no lugar da cesta fosse paga uma Bolsa Pré-Escola, diretamente à famílias, encontrando-se forma de distribuição de brinquedos pedagógicos, gratuitamente.

b) *Garantir vaga a toda criança brasileira, a partir dos quatro anos de idade.* Desde a publicação original deste texto em 2007, o Presidente Lula sancionou a Lei n° 11.700, de 13 de junho de 2008, originada no Projeto de Lei do Senado de n.° 3/2006, de autoria do autor deste texto, que determina essa obrigação. Essa é uma proposta que transforma necessidade em demanda, e cria dinâmica para a sua completa implantação em poucos anos. Lamentavelmente, a lei, já sancionada não vem sendo ainda utilizada pela população, que em vez de exercer o direito de buscar a vaga que a lei lhe garante, continua mantendo a necessidade de escola para os filhos. É fato sabido que, tanto quanto a qualidade da escola, a idade de ingresso é o que determina o futuro aproveitamento escolar da criança. O baixo aproveitamento de hoje se deve, principalmente, à idade tardia em que as crianças das famílias pobres entram na escola.

c) *Retomar o compromisso da Bolsa-Escola com a educação.* É preciso manter a Bolsa Família com suas características assistenciais necessárias para as famílias carentes com seus filhos em idade escolar, mas ao mesmo tempo é preciso retomar e fortalecer o papel educacional da *Bolsa-Escola*. A troca do nome *Escola* por *Família*, em 2004, teve um impacto devastador na consciência do valor da educação na população, especialmente nas mães. Com a *Bolsa-Escola*, a mãe pensava: "recebo esta bolsa porque meu filho vai à escola"; com a *Bolsa Família* pensa: "recebo este dinheiro porque minha família é pobre".

Considerando que as famílias pobres brasileiras costumam considerar que educação de qualidade e até mesmo a escola é um privilégio dos ricos, o nome de Escola na remuneração tinha um papel importante na criação de uma consciência pró-educação na população.

É preciso retornar à palavra *Escola*, aumentar o valor da bolsa e montar um sistema de monitoramento da frequência de cada criança à escola, com um sistema informatizado, exigindo com rigor a frequência para justificar o direito ao benefício naquele mês. O pagamento deve ser feito como remuneração pelo trabalho da mãe de assegurar a frequência de todas as suas crianças às aulas, e não como ajuda para cada criança. Por isso, o benefício deve ter um só valor, qualquer que seja o número de filhos, com a condição de todos aqueles em idade escolar estarem frequentando a escola.

d) ***Criar a Poupança-Escola***. Desde que foi criada em 1987[38] e implantada no Distrito Federal em 1995, havia clareza de que a *Bolsa-Escola* tinha o papel de induzir a frequência às aulas, mas não bastava para manter a criança na escola.[39]

A *Poupança-Escola* consiste em um depósito em caderneta de poupança em nome de cada criança beneficiada pela *Bolsa-Escola*, se for aprovada no ano que cursa e for matriculada, no ano seguinte, na série subsequente. O depósito só é liberado quando a criança termina o Ensino Médio. Esse projeto reduz drasticamente o enorme custo da repetência, e representa um forte incentivo para que a criança estude para ser promovida e continue na escola até o final do Ensino Médio, quando terá direito a realizar o saque da quantia poupada.

e) ***Identificar e trazer para a escola todas as crianças que compõem os 2,5% não matriculados***. Em 2003, o MEC elaborou o ***Mapa da Exclusão Educacional***, com a identifi-

---

[38] No Núcleo de Estudos do Brasil Contemporâneo do CEAM/UnB.
[39] Desde 2004 tramita no Senado o Projeto de Lei nº 60/2004, do autor deste texto, visando à implantação da *Poupança-Escola* em todo o Brasil.

cação de cada uma das 1,5 milhão de crianças fora da escola. Foram formados cinco mil *agentes de inclusão educacional* em cursos presenciais e mais 30 mil em cursos a distância, para mobilizar os pais das crianças, buscar as crianças e levá-las à escola.

Esse trabalho de localizar e atrair os esquecidos para dentro escola foi suspenso em 2004. A retomada do programa, apesar da perda provável dos agentes formados em 2003, será um passo importante na revolução educacional de que o Brasil precisa. Tivesse recebido a continuidade, hoje se poderia dizer que 100 % das crianças estariam na escola.

f) *Garantir uniforme escolar a toda criança*. No mundo de hoje, com tamanho apelo consumista, a falta do uniforme expulsa milhões de crianças, que se veem impedidas de ir à escola por falta de roupas consideradas adequadas por si e por seus colegas. Além disso, a desigualdade nos trajes provoca contrastes nocivos à sociabilidade e ao aprendizado. E até mesmo muitos casos de *bulliyng*.

g) *Atender todos os portadores de deficiências*, graças ao preparo de cada escola e de cada professor para o *ensino inclusivo*, com a garantia dos equipamentos visuais, locomotores e auditivos necessários; mas também à criação de *escolas especiais*, para assegurar a plena formação e a inclusão profissional desses alunos, sempre que possível. No Brasil tem havido uma polarização entre defensores do sistema inclusivo e opositores como se a saída estivesse entre dois extremos.

Na verdade, o sistema inclusivo é necessário à integração e ao desenvolvimento maior das crianças portadoras de deficiência para o aprendizado ou simplesmente ao atendimento escolar. Mas esse sistema não oferece a esses alunos a chance de posterior inclusão no mercado de trabalho. Por isso, é necessária uma rede de escolas vocacionais especiais para auxiliar crianças e jovens portadores de deficiência a encontrarem um ofício.

h) *Garantir transporte coletivo para toda criança e passe livre para todo adolescente matriculado na escola.* Com o grau de pobreza do País, sem a garantia de transporte, a universalização da educação é uma falsa promessa.

i) *Determinar a obrigatoriedade do Ensino Médio.* A obrigatoriedade da escola até o final do Ensino Médio é uma necessidade. O Brasil é um dos raros países onde a obrigatoriedade da educação termina no Ensino Fundamental. A consequência é a perda de milhões de jovens impedidos da formação básica e da possibilidade de disputar vagas na universidade, o que restringe o desenvolvimento e a acumulação do capital-conhecimento pelo País. A atual política de concentrar esforços na criação de mais vagas nas universidades, em vez de promover mais jovens concluindo o Ensino Médio e disputando as vagas do Ensino Superior, é um equívoco. Equívoco e injustiça, porque cria uma cota perversa de exclusão, já que as vagas da universidade ficam reservadas para o pequeno número de jovens que terminam o Ensino Médio.[40]

j) *Ampliar a duração do Ensino Médio para quatro anos*, com a garantia de formação *técnica* em pelo menos um ofício para todo jovem brasileiro. Nem todos precisam, desejam e têm condições de entrar na universidade, mas todo jovem deve dispor de um ofício no momento em que termina sua formação básica. A ampliação do Ensino Médio para quatro anos estimula o jovem a permanecer na escola por mais algum

---

40 Em 21/10/2009, o Presidente Lula sancionou a Lei 12.061/2009, originada no Projeto de Lei do Senado 6/2006, de autoria do autor deste texto, criando a obrigatoriedade de assegurar vaga para todos os alunos em idade de cursar o Ensino Médio. Lamentavelmente, a Lei ainda não é cumprida, por falta de interesse ou de conhecimento de sua força. É preciso divulgar a Lei e incentivar os jovens, oferecendo-lhes boas escolas.

tempo, antes de disputar uma vaga no mercado de trabalho, e oferece-lhe ainda o ensino de um ofício para que possa ingressar no mercado em condições favoráveis, no mundo competitivo de hoje.

Esses cursos não podem se limitar às áreas técnicas; devem incorporar as artes – pintura, escultura, música, dança – e trazer os novos ofícios das áreas de informática, biotecnologia, automação, educação física, turismo, biomédicas, enfermagem, secretariado moderno. Partes da formação de quatro anos poderão ser realizadas na forma de estágio e inclusive pelo ensino a distância.

12. A Educação Pós-Básica – universalizar o Ensino Técnico

Nos mais avançados países, a educação superior não é um objetivo de todos os que concluem a Educação de Base. Muitos dos egressos fazem curso técnico de nível pós-secundário, embora não universitário. O Ensino Médio, com quatro anos e oferta de um ofício, não será suficiente para formar os quadros profissionais que a sociedade demanda. Por isso, será preciso ampliar radicalmente o número de escolas técnicas no Brasil. Desde que essa proposta foi publicada, em 2007, o governo Lula respondeu às críticas dos meio econômicos pela falta de mão de obra qualificada e à pressão de jovens sem porta de saída do programa Bolsa Família, e iniciou a ampliação no número de escolas técnicas. Essa ampliação não dará os resultados esperados pela falta de preparo dos alunos ao longo do Ensino Fundamental. Políticas públicas de geração de emprego para jovens querem resolver o apagão profissional que ameaça a economia brasileira e devasta a juventude desempregada. Mas sem um Ensino Fundamental de qualidade, vamos transformar o apagão profissional em um *apagão de alunos* que não conseguirão seguir os cursos técnicos profissionais.

a) *Criar o Programa Pós-Educação de Base.* O elitismo com o qual o Brasil enfrenta todos os seus problemas criou a ideia de que cursada a Educação de Base, a etapa seguinte seria a universidade. Países como a Finlândia, e muitos outros, entenderam anos atrás que: i) o país, economia, sociedade e cultura precisam de uma escola que dê continuidade à Educação de Base, indo além dela, mesmo sem entrar na universidade; ii) a universidade é o lugar do Ensino Superior por excelência, devendo por isso receber aqueles que realmente desejam seguir carreira acadêmica; iii) o mercado não absorve todos com Ensino Superior e carece de uma mão de obra não universitária e ao mesmo tempo pós-Ensino Médio.[41] A solução é a criação de escolas para todas as áreas, com cursos de até dois anos, para elevar a formação de alunos que desejam ou preferem um curso que lhes permita inserção rápida no mercado qualificado, em vez de esperar anos pela conclusão de um sofisticado e nem sempre empregável curso superior. Depois de formados, se desejarem, esses jovens com diploma pós-secundário podem iniciar uma carreira universitária, tendo inclusive reconhecidos alguns de seus cursos.

b) *Ampliar o número de escolas técnicas de nível médio.* O Ensino Médio com um ofício não será suficiente para formar os quadros profissionais que a sociedade demanda. Por isso, será necessário ampliar radicalmente o número de escolas técnicas no Brasil. A revolução do ensino profissionalizante está na ampliação do Ensino Médio para quatro anos com a garantia do ensino de um ofício, onde for implantado o projeto

---

41 O brasileiro que viaja se surpreende ao encontrar na Finlândia jovens garçons, egressos de escolas pós-secundaristas, falando diversos idiomas, conhecendo de culinária, geografia e mesmo história, que permite dialogar com os clientes.

Cidade com Escola Básica Ideal. Para atender às necessidades imediatas, dos jovens e da economia, não basta a ampliação em um ano do Ensino Médio, será preciso ampliar ao máximo a formação específica em escolas técnicas. O Brasil tem hoje 354 escolas técnicas federais, que oferecem quase 400 mil vagas. É preciso um esforço para capacitar todos os alunos de Ensino Médio que precisam ser absorvidos pelo mercado sem necessidade de cursar o Ensino Superior.

c) *Garantir atendimento e formação a todos os interessados,* em cursos técnicos de curta duração, nos moldes do Projeto Saber realizado no DF, no período 1995-1998.

d) *Ampliar o PROJOVEM.* O governo Lula criou um programa de fundamental importância que precisa ser ampliado: o Projovem Trabalhador. Por ele, jovens entre 18 e 29 anos, que não tenham concluído o Ensino Fundamental e que sejam membros de famílias com renda *per capita* de até meio salário mínimo, atendem a cursos de qualificação por 18 meses, com formação no Ensino Fundamental, iniciação profissional, aulas de informática e auxílio de R$100 por mês, mediante comprovação de frequência. Esse programa precisa ser ampliado, saltar dos atuais 470 mil beneficiados e atingir a atual meta governamental de 3 milhões. Enquanto a implantação das *Cidades com Escola Básica Ideal* segue o ritmo de implantação, as demais cidades podem implantar um programa testado no Distrito Federal, durante o governo 1995-1998, chamado Escola em Casa. Nele, jovens pobres cursando o Ensino Médio recebiam bolsa para serem monitores das crianças do Ensino Fundamental ainda sem horário integral. Com esse programa, conseguia-se ao mesmo tempo ocupar os jovens e adolescentes do Ensino Médio com atividades educacionais e atender crianças do Ensino Fundamental sem gastos elevados.

e) *Serviço Militar/Civil com características educacionais.* Entre os países de porte, o Brasil tem o menor número de conscritos nas Forças Armadas. Isso significa a perda de um potencial já instalado em novos quartéis. O serviço militar obrigatório com características educacionais será um instrumento positivo na Revolução Republicana na Educação.

f) *Ampliar o uso dos sistemas de educação técnica com alternância*, parte do tempo em escola e parte do tempo com a família (setor agrícola) e em fábricas (setor industrial).

13. Envolver a universidade com a Educação de Base

O Ensino Superior é a base da acumulação do capital-conhecimento, e por isso merece um programa especial de Refundação do Ensino Superior.[42] Mas sem uma boa Escola de Base para todos, a universidade perderá potencial e não se desenvolverá plenamente, por perda dos cérebros excluídos ao longo da Escola Fundamental e Média. Nesse documento, voltado para a Educação de Base, cabe lembrar o papel do Ensino Superior na formação de professores e no desenvolvimento das diversas ciências pedagógicas.

a) *A convivência entre a universidade e a escola básica.* Em vez de ser um instrumento de melhoria da Educação de Base, os cursos de pedagogia têm muitas vezes sido usados nas escolas de base para servir a seus mestrados e doutorados, como laboratórios para ideias e propostas novas sobre o aprendizado que nem sempre dão certo, e às vezes sacrificam gerações inteiras. A revolução na Educação de Base exige uma convivência entre esses dois setores educacionais que permita o aproveitamento máximo do potencial do Ensino Superior a serviço da Educação de Base.

---

[42] Ver, do autor, o texto **A Refundação da Universidade**, publicado pelo Senado Federal em 2004.

b) *A formação de professores* para a Educação de Base a pedido e por convênio com o Ministério da Educação de Base;

c) *A realização de pesquisas* relacionadas a aspectos pedagógicos e técnicas de aprendizado;

d) *O envolvimento de alunos e ex-alunos na Educação de Base* por meio de extensão, estágios, serviços comunitários, como complementação ou contrapartida pela formação.

14. Substituir o vestibular pelo Programa de Avaliação Seriada

O vestibular é um sistema que parece intransponível à quase totalidade dos alunos do Ensino Médio da escola pública, e muitas vezes seleciona com base apenas no cursinho do último ano. A avaliação ao longo do Ensino Médio dá ao aluno a percepção de que a entrada na universidade é possível.

Além disso, induz o aluno a estudar com mais empenho durante todo o curso, sabendo que essa é a porta para a universidade. O Programa de Avaliação Seriada substitui o vestibular e seleciona os alunos para a universidade por meio de provas ao longo do Ensino Médio, nos moldes do programa implantado pela UnB e pelo Governo do Distrito Federal, na gestão de 1995-1998, com o nome de Programa de Avaliação Seriada. O mais importante do PAS não é a forma de ingresso na universidade, mas o incentivo aos alunos da Educação de Base para o estudo ao longo do Ensino Médio.

O ENEM – Exame Nacional do Ensino Médio, que recentemente mostrou a tragédia da educação no Brasil, revelou também que o Distrito Federal obteve o resultado mais favorável. O Programa de Avaliação Seriada está entre as muitas mudanças feitas pelo governo do Distrito Federal em 1995-1998 que ajudaram a fazer da educação nesta unidade da Federação a melhor do Brasil, embora ainda muito daquela necessária para atender às exigências do mundo contemporâneo. A proposta de substituir o vestibular pelo ENEM não traz o mesmo incentivo, porque há somente um exame no final do curso, mantendo o vestibular, apenas substituindo a prova feita pela universidade por outra feita pelo MEC. No sistema de avaliação seriada, o órgão executor pode ser a universidade – como faz a UnB há quinze anos – ou o próprio MEC, desde que haja provas sucessivas a cada ano, e não apenas uma no final: uma espécie de ENEM em três etapas.

15. Criar o Cartão Federal de Acompanhamento Escolar

Poucas medidas teriam mais impacto na educação do que um sistema de acompanhamento da vida escolar nas mãos do Governo Federal, e até diretamente nas mãos da Presidência da República. Esse cartão personalizado é um salto evolutivo dos sistemas atuais de avaliação, o SAEB e o ENEM, o IDAB – Índice de Desenvolvimento da Educação de Base. No lugar da avaliação posterior, o Governo Federal terá conhecimento e poderá informar às autoridades locais, em tempo real, do desempenho de cada criança, jovem ou adulto. O prefeito, o governador, o próprio presidente da República podem intervir, e até mesmo, vez por outra, escolher aleatoriamente uma criança e telefonar aos seus responsáveis para saber por que ela deixou a escola, ou não se saiu bem em determinada matéria, ou felicitar pelas notas boas, pelo bom desempenho nos esportes, no aprendizado de idiomas ou em outras atividades. O efeito de uma ligação do Ministro ou do Presidente para os responsáveis por uma escola ou mesmo por uma criança se espalha como prova de que cada aluno tem um papel no futuro do país.

16. Erradicar o analfabetismo no Brasil

Em um país cuja bandeira tem um texto escrito, é inadmissível que, mais de um século depois de sua criação, ainda haja entre 14 e 15 milhões de adultos que não a reconhecem, porque não sabem ler *"Ordem e Progresso"*. Ainda mais grave é que nos anos de governos progressistas, de Fernando Henrique e Lula, a taxa de analfabetismo tenha caído apenas de 15,5% para 9,3%. Este número considera apenas aqueles que sequer conhecem as letras, nem ao menos inclui os analfabetos funcionais. Se considerarmos os que aprenderam as letras mas não sabem ler ou entender o que leem, o número chega a 30 ou 40 milhões de adultos.

Além de ser uma vergonha, esse tamanho do analfabetismo funcional impede o progresso social do País e o pleno crescimento de uma economia moderna, baseada no capital-conhecimento. A persistência do analfabetismo de adultos é uma das provas do descaso com a educação dos filhos. No passado, cria um círculo vicioso, porque os filhos dos analfabetos levam uma grande desvantagem na hora de aprenderem a ler e sobretudo na hora de serem leitores regulares. A erradicação do analfabetismo é, em primeiro lugar, uma obrigação moral, tanto quanto acabar com a tortura ou a fome. É dar ao brasileiro o direito de compreender sua bandeira, e sair da prisão de não saber ler o mundo ao redor. Mas é também um objetivo educacional geral, porque tem um impacto econômico na eficiência da sociedade, e porque pais alfabetizados influem diretamente na educação dos filhos. Além disso, qualquer proposta para a educação leva anos para ser cumprida, mas a erradicação do analfabetismo pode ser atingida em pouco tempo. Para isso, além da sugestão anterior de tratar a alfabetização de adultos como um direito humano, é preciso:

a) *Retomar a Secretaria para a Erradicação do Analfabetismo*, criada no primeiro ano do governo Lula e extinta em fevereiro de 2004, dessa vez no Ministério dos Direitos Humanos e não mais no MEC.

b) *Criar o programa Bolsa Alfa*, pelo qual cada alfabetizado receba uma remuneração depois de escrever sua primeira carta em sala de aula e receber seu diploma. Esse programa foi testado pelo governo do Distrito Federal, no período 1995-98, e serve de incentivo para atrair os adultos analfabetos para a sala de aula. Favorece ainda um maior empenho e aprendizado mais rápido.[43]

c) *Mobilizar* as instituições públicas e privadas, prefeituras, governos estaduais, igrejas, ONGs, condomínios, empresas e indivíduos, para que no Brasil, durante quatro anos, haja um esforço geral contra esse trágico apagão intelectual que pesa sobre pelo menos 10% de nossa população adulta. Para isso, o melhor caminho é implantar o sistema de *pagamento por resultado obtido, por alfabetizado bem-sucedido*, financiando as entidades executoras com base no número comprovado de alunos alfabetizados com sucesso, deixando para trás a forma tradicional de pagar por formação do alfabetizador, que nem sempre se dedica à alfabetização.

d) *Criar incentivos para que os alunos das universidades particulares sejam alfabetizadores de adultos.* Essa era a ideia por trás do *PAE – Programa de Assistência ao Estudante*, pelo qual o aluno universitário beneficiado pelo Governo Federal com bolsa para o pagamento de sua mensalidade seria alfabetizador de adultos. Antes mesmo de ser implantado, o *PAE* foi substituído pelo *PROUNI*, o qual, por

---

[43] Visando implantar a Bolsa Alfa em todo o Brasil, uma proposta nesse sentido está tramitando no Senado Federal desde 02/05/2006, por iniciativa do autor deste texto, sob a forma do Projeto de Lei nº 117/2006.

pressão dos grupos corporativos, eliminou a exigência de contrapartida por parte do beneficiado. Já não é mais possível retomar a ideia inicial do PAE, retirando o benefício sem contrapartida do *PROUNI*, mas ainda é tempo de lançar um programa de bolsas para novos universitários que desejem ser alfabetizadores.

e) *Comprometer como alfabetizadores os alunos das universidades federais*, públicas e gratuitas. A atividade de alfabetização por um universitário não é apenas um pagamento em retorno pela gratuidade, nem um serviço a favor do analfabeto. É parte da melhor formação do universitário para servir ao País. Serviria para que os jovens se envolvessem na luta para fazer do Brasil um *Território Livre do Analfabetismo*. Bastaria que 3% dos universitários brasileiros fossem alfabetizadores durante seis horas semanais, por quatro anos, ou 12% por um ano, ou 24% por um único semestre, para que o analfabetismo de adultos fosse eliminado em quatro anos.[44] A difícil comunicabilidade entre milhões de analfabetos adultos e os milhões de universitários é uma das maiores provas do *apartheid social*, a *apartação* brasileira.

f) *Retomar o programa de leituração,* que prevê a continuidade da leitura para os novos alfabetizados e para toda a população com baixo nível educacional. O mais conhecido é o programa de *bibliotecas domésticas*, ou *Mala do Livro*, implantado com muito êxito durante o governo do Distrito Federal 1995/1998, e que é chamado atualmente de *Arca das Letras*. É preciso recuperar a ambiciosa meta de implantar 100 mil *Bibliotecas Domésticas* que teve o MEC em 2003, quando foram adquiridos 42 mil acervos para compor essas *Bibliotecas Domésticas*, em 3.659 cidades pequenas e médias. Da mesma

---

44 Claro que este número é apenas comparativo, a logística necessária não permitiria abolir o analfabetismo em prazo tão curto.

forma, é preciso retomar o programa de aproveitamento dos *carteiros como agentes de leitura*, para levarem livros gratuitamente para as casas, como foi iniciado pelo MEC em 2003. Lamentavelmente, esses programas de leituração foram abandonados em 2004.

g) ***Retornar o programa de publicação de livros***, inclusive clássicos da literatura, com dimensões e vocabulários adaptados ao universo linguístico do recém-alfabetizado. Lamentavelmente este programa foi suspenso em 2004, ficando apenas os poucos títulos publicados ao longo de 2003.

h) ***Retomar o Labirinto do Analfabetismo***. Com esse nome, foi concebido, construído e funcionou em 2003 um espaço fechado, ao redor de uma espécie de labirinto, por onde os visitantes caminhavam sujeitos à simulação das condições de vida de uma pessoa analfabeta andando na rua. As pessoas entravam no ***stand*** e caminhavam como se estivessem nas ruas de uma cidade, tentando tomar ônibus, comprar comida ou remédio, procurar emprego, saber o caminho, identificar os nomes das ruas, entender os avisos de perigo adiante, mas sem conseguir decifrar o que estava escrito nas placas e sinais, cujas letras estavam misturadas, sem sentido. Esses labirintos despertavam grande emoção entre todos os visitantes, que saíam da visita comprometidos com a luta pela alfabetização. Réplicas desse ***stand*** poderiam ser confeccionadas e instaladas em praças, congressos, encontros, seminários pelo Brasil, ajudando a criar a indignação e vergonha que permitiria mobilizar o País contra o analfabetismo. Lamentavelmente, no lugar de um esforço pela erradicação do analfabetismo, o Labirinto do Analfabetismo foi abandonado pelo Ministro da Educação que assumiu em 2004.

17. Criar um Sistema Nacional de Avaliação e Fiscalização da Educação de Base

O IDES – Índice do Desenvolvimento do Ensino Superior foi criado em dezembro de 2003. Por ele, nos moldes do IDH – Índice de Desenvolvimento Humano da ONU, cada universidade ou faculdade teria um indicador que levaria em conta a avaliação dos alunos (nos moldes do antigo provão), os professores, as instalações e os compromissos da instituição com o desenvolvimento do País. Por força das pressões das corporações universitárias, em 2004 o IDES foi substituído por um sistema de pouca repercussão, o SINAES. O ENEM foi mantido e o recente IDEB foi criado, o que sem dúvida representa avanço. Mas todos esses indicadores pecam por estarem submetidos ao MEC: o Executivo avaliando seu próprio desempenho, com toda a tentação de mascarar os resultados. O novo sistema aqui proposto vai além, criando órgãos e sistemas independentes do governo para acompanhar e avaliar o andamento da revolução na educação.

a) *Criar o TDE – Tribunal de Desempenho da Educação com o poder de um "TCU da educação"*, capaz de avaliar independentemente a responsabilidade das autoridades do Poder Público no desempenho da educação e, em caso de maus resultados, punir seus responsáveis: governos, dirigentes, professores e meios de comunicação. Inclusive para servir como o fiscal da execução da *Lei de Metas Educacionais* e da *Lei de Responsabilidade Educacional*. A ausência de um órgão desse tipo tem feito com que o Brasil receba as notícias da tragédia educacional sem qualquer reação maior, sem qualquer cobrança sobre os governos e a sociedade, como tem acontecido nos últimos meses.

b) *Retomar o antigo Sistema de Inspetores Federais Educacionais* com a contratação e a formação de até 2.000 inspetores federais, que se dedicariam a fiscalizar permanentemente o funcionamento das escolas, o aprendizado dos alunos, o desempenho dos professores. Esse corpo de fiscais teria total autonomia para desempenhar o papel de vigilantes da atividade educacional, com relatórios constantes sobre o assunto, para as secretarias municipais, estaduais, ao Governo Federal, aos pais, responsáveis e à sociedade em geral. Esse número permite a visita de todas as escolas do país a cada dois anos. Mais do que uma avaliação, o Brasil teria um acompanhamento individualizado de cada escola, com seguimento dos resultados obtidos pelo TDE e os indicadores de avaliação.

18. Garantir o envolvimento das famílias e os meios de comunicação na revolução educacional

Foi a mobilização social que permitiu vencer o *apagão energético*. Não haverá mudança no quadro educacional se o próprio Presidente não tomar para si a tarefa de mobilizar a sociedade para a importância da luta contra o *apagão intelectual* que o Brasil está vivendo. A educação não é uma tarefa apenas da escola, mas também da *mídia* e da *família*.

a) *Estimular o envolvimento dos meios de comunicação* por meio de uma *Lei do Envolvimento Midiático na Educação*, que induza rádios, televisões e jornais e revistas a reservarem espaço, em horário apropriado, para programas livremente elaborados e preparados pela empresa, com intervalos comerciais, mas com conteúdo educacional. Lei com este tema está tramitando no Congresso Nacional por iniciativa do senador Pedro Simon sob o n°144/1999, de 18/03/1999. As telenovelas brasileiras podem ser elemento de conscientização da educação. Se em vez de exaltarem somente os jovens "sarados" promoverem a autoestima daqueles que estudam, destacando a figura dos bons alunos, dos que leem, dos que falam de literatura; promoverem a autoestima daqueles que estudam filosofia, dos que perseguem uma profissão intelectual, estudam para ingressar na universidade. Sobretudo para elevar a autoestima dos professores. Colocar livros nos cenários e personagens jovens debatendo livros seria uma contribuição para a construção da cultura pró-educação. Ainda mais se a televisão divulgar problemas culturais e educacionais em horário nobre.

b) *Estimular o envolvimento da família na educação de suas crianças.* Embora a **Bolsa-Escola** e a **Poupança-Escola** sejam elementos-chave desse envolvimento, o principal caminho será a liderança dos Presidentes da República, ao longo das próximas décadas, e o papel deles na mobilização nacional pela importância da educação; e de cada um no acompanhamento das tarefas diárias, na participação junto aos professores. Aos Presidentes caberá apelar aos meios de comunicação para que utilizem a temática educacional, não apenas divulgando instrução, mas principalmente disseminando a cultura da educação como fator importante do desenvolvimento nacional. Os presidentes devem também motivar, estimular e induzir prefeitos e governadores a serem também agentes da promoção de uma cultura educacional. Somos um povo cuja cultura não põe a educação como valor central, e sem essa cultura, a educação não recebe a devida importância. Os Presidentes precisam liderar a mudança dessa cultura, como fez o Presidente Lula no combate à fome. A sociedade, descontente com os rumos nacionais, já começa a despertar para a necessidade da educação. Há o começo de um sentimento novo no Brasil: o de que o abandono histórico da educação é uma das causas de nossa crise de violência, atraso, desigualdade, pobreza. As lideranças políticas estão ficando para trás, como se viu no carnaval de 2007, quando escolas de samba e blocos carnavalescos manifestaram a voz popular cobrando mais apoio à educação.

O maior envolvimento das famílias exige empoderamento dos pais. Isso pode ser conseguido aprovando-se um Projeto de Lei no Senado que libere do trabalho, pelo menos um dia por ano, um dos pais para ir à escola. Da mesma forma, o Projeto de Lei no Senado que condiciona o recebimento da Bolsa Escola/Família ao comparecimento dos pais à escola de seus filhos. Uma alternativa, polêmica no Brasil, seria a cobrança de um valor mínimo de cada família pela educação de seus filhos. Ao pagar, por menor que seja o valor, como 1% da renda, os pais sentem-se empoderados diante dos governantes e professores, com direito a cobrar e também mais motivados para olharem o que estão "comprando", e não apenas "recebendo". Apesar da óbvia resistência preconceituosa a essa ideia, sua correção, para atrair e envolver os pais pobres, pode ser vista ao observar como os pais que pagam pela educação privada cobram a atenção dos professores e diretores das escolas de seus filhos.

c) *Incentivar, divulgar e apoiar o uso do Ensino a Distância*, sintonizando a educação brasileira, em todos os níveis, com o avanço das novas tecnologias educacionais não presenciais.

d) *Criar canais televisivos educacionais e de reforço escolar*, nos moldes do que aconteceu depois da Segunda Guerra Mundial, em alguns países, quando foram implantados canais educativos para o reforço e a complementação do Ensino Básico. No Brasil, em 2003, foi criado pelo MEC o **Instituto Nacional de Educação Aberta e a Distância Darcy Ribeiro**, que precisa ser dinamizado especialmente como Canal Educativo de Nível Básico e Ensino Superior, servindo para a formação e complementação cultural dos professores. Mais três canais especializados ainda serão necessários, para atender aos alunos do Ensino Fundamental, Médio e Técnico, bem como aos seus pais. Esses canais serviriam para auxiliar o ensino escolar, transmitindo complementações e reforços para o aluno, na própria casa. Cada aluno terá, portanto, além de suas aulas, a possibilidade de acesso a programas educacionais e culturais específicos para sua idade, pelo meio que mais lhe agrada, a televisão, e dentro de sua própria casa.

19. Instituir um sistema de Premiação Educacional

É fundamental ter o reconhecimento do desempenho intelectual de cada criança, da mesma forma que se reconhece o desempenho de cada atleta. Um sistema de premiações pelo Governo Federal, para o aluno, o professor, a escola, o município e o estado, seria um incentivo adicional ao salto que precisamos dar na educação. Se for mantido, ao longo dos anos, o concurso *Soletrando*, promovido pela *Rede Globo* com auxílio da *Fundação Ayrton Senna*, no programa *Caldeirão do Huck*, poderá ter um grande impacto sobre o interesse e a dedicação dos alunos e a promoção da educação e o aprendizado da língua portuguesa no Brasil. Se ampliado para outras áreas, esse programa certamente ajudará a mudar a cultura brasileira de descaso e desinteresse pela educação: descaso dos adultos e desinteresse das crianças. As premiações feitas pela Fundação Abril anualmente, sob o nome de *Escola Nota Dez*, têm também esse impacto especificamente para promover e premiar novas experiências. Mas é preciso dar a esse esforço a dimensão nacional que só o Governo Federal é capaz de fazer.

20. Implantar o Sistema Nacional Público de Educação de Base, considerar a possibilidade de parcerias público-privadas e criar o PROESB

A desigualdade de renda, de habitação, de local de férias, até mesmo da qualidade de alimento, é um sintoma social, mas a desigualdade na qualidade da escola é um sintoma de imoralidade. A revolução da Educação de Base só será possível para todas as crianças e adolescentes se for pública e gratuita. Mas publicização não é sinônimo de estatização. As Escolas do Bradesco, espalhadas pelo Brasil, e a Escola de Ensino Médio da Confederação Nacional do Comércio – CNC não são escolas estatais, mas por causa da alta qualidade e da gratuidade, podem ser consideradas escolas públicas. A Educação de Base privada é fundamental no processo educacional como complementação para atender à demanda de uma elite que ainda não acredita na escola pública e daqueles que desejam uma educação religiosa específica. Por isso, ela deve ser respeitada, inclusive por razões de liberdade.

Para que a escola tenha igual qualidade para todos, é preciso, além de realizar a Federalização aqui proposta, incorporar todas as escolas em um só sistema público, mesmo quando elas sejam particulares. O Sistema Nacional Público de Educação consideraria escolas de gestão particular, mas públicas na definição dos alunos e na gratuidade, graças ao financiamento direto pelo Estado Nacional, em vez do financiamento pelas famílias.

Nesse sentido, seria preciso:

Implantar *Escolas Concertadas*: Nos moldes do que foi criado pelo governo socialista espanhol, há 25 anos, aceitar a incorporação do setor privado com o setor público, com o pagamento pelo governo da mensalidade do aluno de baixa renda em escolas particulares, selecionadas por sua qualidade, em localizações classificadas como bairros pobres.

Criação do PROESB: enquanto isso não é aprovado, para a complementaridade entre escola estatal e privada, deve ser aprovada a possibilidade de um PROESB, nos moldes do PROUNI: o pagamento de uma bolsa a alunos carentes para que possam estudar em escolas privadas. É uma solução necessária para que nenhuma criança fique para trás, quando o setor público não for capaz de atender toda a demanda imediata.

21. Retomar o Programa Educa Brasil

A revolução na educação não deve se limitar apenas à escolaridade. É preciso uma grande campanha nacional pela educação comportamental brasileira nas ruas, nos compromissos, na postura, como uma espécie de *educação familiar em massa*. Esse programa esteve em vésperas de ser executado em janeiro de 2004, mas interrompido logo a seguir, com a mudança de ministro.

22. O Pacto de Excelência

De tanto ser desprezada, a educação formou um pacto da mediocridade que, se não for rompido, impedirá qualquer revolução educacional. Para substituir esse pacto por um novo pacto da excelência, será preciso transformar as *Coalizões de Governo* pela composição do ministério em uma *Coalizão de Estado* por um programa centrado na revolução educacional. Estaríamos assim substituindo o atual pacto de mediocridade em que famílias, governo e professores fazem de conta que educam, por um pacto de excelência nacional no qual, juntos, todos os líderes e partidos ajudarão a construir o Brasil educado. É preciso não limitar o pacto apenas aos apoiadores do governo, mas ampliá-la a todas as lideranças, inclusive aquelas que, hoje na oposição, no futuro estarão no poder, e deverão se comprometer agora com a continuidade, sob o risco de vermos interrompido o processo.

a) *Criar o Pacto da Sala de Aula.* O futuro de um país tem a cara da sua escola, e sua escola tem a cara de suas salas de aula. A sala de aula no Brasil mostra um futuro trágico: paralisia por greves intermináveis, descumprimento de horários, desordem, desatenção, displicência, deboche, falta de compromisso e de cobranças e até violência entre alunos, contra professores e servidores. Nenhum pacto político reverterá o quadro trágico da educação brasileira se não for modificado radicalmente o funcionamento da sala de aula, trazendo de volta a disciplina, a pontualidade, o cumprimento de tarefas, a continuidade dos trabalhos ao longo do ano. Isso não será possível por imposição autoritária, mas não ocorrerá naturalmente. Será preciso um grande acordo nacional para que não sejam necessárias greves, para que haja exigência de horários, de tarefas a serem aplicadas, cumpridas e cobradas.

b) *Criar uma Escola Nacional para Gestores Educacionais.*[45] A experiência mostra que a realidade de uma escola muda quando se tem um bom gestor. O Pacto de Excelência passa por bons gestores escolares. Uma revolução na educação brasileira vai exigir um esforço para formar gestores escolares. Para isso será necessária uma *Escola Nacional para Gestores Educacionais – ENGE*, criada nos moldes das escolas criadas para formar gestores em economia e administração – ENAP, ESAF. A Revolução Republicana na Educação vai exigir a implantação de uma rede de ENGEs para corrigir a grave falta de

---

[45] Foi apresentado pelo autor deste texto o Projeto de Lei do Senado - PLS 321/2008 de 27/08/2008, que cria a Escola Nacional de Gestores Educacionais (ENGE) e autoriza o Poder Executivo a dispor sobre o seu funcionamento.

eficiência na gestão das escolas e de todo o sistema. Nossas faculdades de pedagogia não oferecem estudo da gestão, nossas faculdades de administração não se dedicam aos estudos das escolas. Por outro lado, os políticos nomeiam Diretores para atender solicitação política e nossos sindicalistas defendem a pura e simples eleição dando mais importância ao partido do Diretor do que ao seu preparo como gestor.

Deverão ser criadas 27 ENGEs, uma em cada Unidade da Federação, todas elas diretamente ligadas ao Ministério da Educação Básica. Além disso, nos primeiros cinco anos, serão necessários cursos intensivos para formar pelo menos 20 mil gestores a cada três meses, em cursos presenciais e a distância. Passado esse esforço inicial, as *ENGEs* poderão formar 15 mil gestores por ano. Esses cursos deverão ser complementados em universidades estatais ou particulares, graças a convênios firmados entre os dois ministérios – o ***Ministério da Educação Básica e o Ministério do Ensino Superior (ou Ensino Superior, Ciência e Tecnologia)***.

c) ***Implantar um sistema de "mérito-democracia" na escolha dos dirigentes escolares***. A escola não é uma fábrica, que transforma matéria-prima em produto, pelas mãos de operários que operam máquinas, nem em canteiro de obras por pedreiros, ela é uma praça onde professores e alunos se encontram para fazer avançar o conhecimento social, a soma do conhecimento do povo, por meio da interação pedagógica. Mas esse encontro precisa de gerenciamento. A "mérito-democracia" é uma combinação da meritocracia – condição fundamental da boa gestão – com a democracia, sem a qual professores, servidores e alunos não serão corretamente gerenciados. Para combinar competência com a boa convivência do Diretor com os professores e servidores, o caminho é fazer a eleição do Diretor pela comunidade de professores, pais, além de servidores e alunos, mas só entre aqueles que tenham conseguido concluir com êxito a Escola de Gestores e disponham do diploma correspondente.

d) *Usar o Conselho da República para agir na Educação*. A Constituição de 1988 criou o Conselho da República para auxiliar o Presidente em tempos de ameaças ao futuro, conturbação política, especialmente de conflitos. A crise educacional ameaça mais o futuro do que todos os demais conflitos sociais, até porque ela é a causa dos últimos. A revolução na educação deve ser vista como uma guerra para derrubar os dois muros que amarram o futuro do Brasil: o da desigualdade e o do atraso. O Presidente deve usar o Conselho da República para tratar a educação como setor fundamental do futuro do País e avaliar o pacto suprapartidário nacional, na continuidade da revolução, na execução das medidas necessárias e na mobilização de todo o povo pela educação. O Conselho da República já deveria ter sido convocado algumas vezes para enfrentar o grave risco que corre a nação brasileira e definir rumos diante da informação de nosso fracasso educacional.

e) *Priorizar a educação nas Mensagens da Presidência ao Congresso no período de volta às aulas, e divulgar nacionalmente pelos meios de comunicação pronunciamento do Presidente sobre o Estado da Educação Brasileira.* Se a educação se transforma em vetor fundamental do progresso nacional, é forçoso que a Mensagem do Presidente da República ao Congresso Nacional dê destaque especial à educação. O Congresso não pode, entretanto, tratar burocraticamente essa Mensagem, deve debruçar-se sobre ela, emitir um juízo, dar apoio, fazer recomendações e exigências.

PARTE III:
CUSTO E FINANCIAMENTO

1. O custo de fazer

O custo da Revolução Republicana na Educação é a soma de dois custos: o da implantação das *CEBIs* e o do aprimoramento do sistema vigente. Esse total não será impeditivo para a sua realização. O Quadro 26 e a Figura 8, exibidos nas páginas seguintes, mostram os principais números envolvidos na proposta. Haverá uma implementação ao longo de 20 anos. Tempo suficiente e necessário para uma revolução no sistema educacional brasileiro.

Inicialmente, a revolução custará cerca de R$40 bilhões (ano 1), e vai evoluindo conforme vá se implantando o Programa *Cidades com Escola Ideal,* iniciando-se por 200 cidades no ano 1.

Esse recurso financeiro permite contratar cerca de 116,7 mil novos professores para uma Carreira Nacional do Magistério a um salário mensal de aproximadamente R$9.000 (cerca de R$14 bilhões/ano), permite incorporar 3,5 milhões de novos alunos no 1º ano e cerca de 2,5 milhões de novos alunos em cada um dos anos no período restante (anos 2 a 20).

Mais do que esse valor, o sistema não é capaz de absorver imediatamente. Nossa inanição não permitirá gastos maiores. Seriam desperdiçados. Não seremos capazes de absorver, de repente, com eficiência, os novos professores, instalar equipamentos para toda a rede; até porque, ficariam sem uso ou quebrados, seriam depredados ou roubados.

Com menos do que esse volume de recursos, não haverá o salto, apenas os ligeiros e insuficientes avanços, como aqueles das últimas décadas – merenda, transporte, livros didáticos, Fundef, Fundeb, PNE e PDE.

Em 20 anos, o número total estimado de 50,5 milhões de alunos estarão em Cidades com Escola Básica Ideal (CEBI) a um custo de menos de 6,5% do PIB, um valor abaixo dos 7% ou 10% comumente citados em propostas ligadas a mudanças no nosso sistema educacional. O custo total será, no ano 20, de aproximadamente R$464 bilhões de reais (a preços de 2011). Importante repetir que esta Revolução contempla tanto as Cidades com Educação Básica Ideal (CEBIs) como as demais cidades com uso do sistema tradicional (que no ano 20 será totalmente extinto).

Para reforçar a ideia de viabilidade da proposta o custo total pode ser comparado com a Receita Total do Setor Público (RTSP): mantidas as mesmas condições de arrecadação de hoje, onde o PIB é cerca de 2,7 vezes maior do que a RTSP, o custo total da proposta seria uma fração de aproximadamente 17% dessa receita.

Como mencionado, a proposta inicia sua implementação por 200 cidades no primeiro ano, onde serão instaladas as Escolas Ideais para uma revolução educacional. Nessas localidades denominadas *Cidades com Escola Básica Ideal (CEBIs)*, as escolas disporão de toda a infraestrutura para um ensino de primeiríssima qualidade, similar às melhores experiências internacionais na área educacional. Seus professores receberão um salário que permita atrair os melhores quadros da sociedade e motivá-los a uma dedicação integral, eficiente e efetiva. Os alunos disporão dos recursos tecnológicos e técnicos de fronteira na área educacional. Haverá segurança, alimentação e tratamento médico-odontológico que assegurem uma aprendizagem de qualidade no sentido extremo da palavra.

Mas a proposta contempla também uma melhoria do Sistema Tradicional (todas as demais escolas/cidades que não fizerem parte das *CEBIs*). Ao longo de 20 anos todas as escolas terão o formato de Escola Ideal.

Os custos para realizar essa revolução estão detalhados no Quadro 26 e na Figura 8 abaixo.

Quadro 26

	Custo de implementação da Revolução Republicana na Educação (preços constantes de dez./2011)					
	Ano de implementação	1	6	11	16	20
	PIB a preço constante (dez/2011, em R$ bilhões)	4.137	4.796	5.560	6.446	7.255
CEBI	Número de alunos (milhões)	3,5	16,1	28,8	41,4	51,5
	Custo variável (R$ bilhões)	31,5	145,2	258,9	372,6	463,5
	Custo fixo (R$ bilhões)	8,8	4,9	3,2	1,4	0,0
	Custo total (fixo + variável) (R$ bilhões)	40,3	150,1	262,0	374,0	463,5
	% do PIB	1,0%	3,1%	4,7%	5,8%	6,4%
SEV	Número de alunos (milhões)	48,0	35,4	22,7	10,1	0,0
	Custo adicional do salário do professor (Delta) (R$ bilhões)	118,7	87,5	56,2	25,0	0,0
	% do PIB	2,9%	1,8%	1,0%	0,4%	0,0
TOTAL	Número de alunos (milhões)	51,5	51,5	51,5	51,5	51,5
	Custo (R$ bilhões)	159,0	237,5	318,3	398,9	463,5
	% do PIB	3,8%	5,0%	5,7%	6,2%	6,4%

Elaboração própria.*

Figura 8

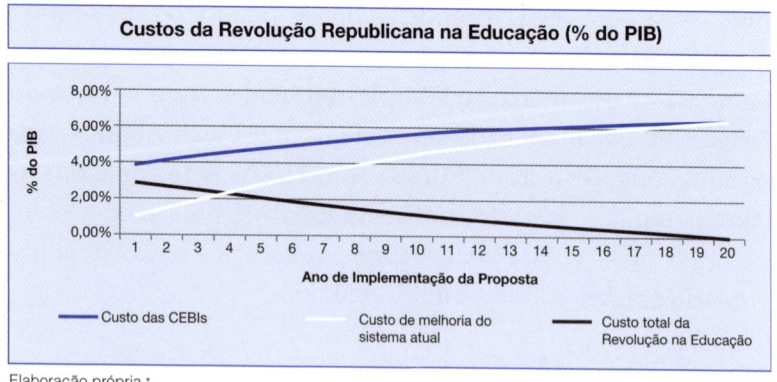

Custos da Revolução Republicana na Educação (% do PIB)

[Gráfico: eixo Y "% do PIB" de 0,00% a 8,00%; eixo X "Ano de Implementação da Proposta" de 1 a 20. Legenda: Custo das CEBIs; Custo de melhoria do sistema atual; Custo total da Revolução na Educação]

Elaboração própria *

Note que:

a) Há uma notória viabilidade na proposta.

b) Os custos totais (soma para os sistemas adotados nas CEBIs e para os sistemas tradicionais) tendem a estabilizar-se em um patamar inferior a 6,5% do Produto Interno Bruto – PIB (mesmo sob condições conservadoras de simulação usadas na proposta para o crescimento do PIB e demais parâmetros).

c) Não estão contabilizados nesse custo total os abatimentos obtidos com a extinção dos gastos com Educação de Jovens e Adultos e com repetência no Ensino Básico (cerca de R$22 bilhões/ano), bem como o fim dos subsídios ligados ao Imposto de Renda, como descrito na seção **custo de não fazer**, abaixo (cerca de R$3,9 bilhões/ano). Note que a soma total poupada de R$25,9 bilhões corresponde a mais da metade do desembolso estimado para o primeiro ano de implementação do programa (R$40,3 bilhões)

d) Em 20 anos pode-se fazer uma revolução na educação sem desrespeitar as restrições orçamentárias do governo.

Os quadros 27 e 28 abaixo trazem ainda os principais parâmetros usados na proposta. Essa explicitação é importante para mostrar o zelo e o cuidado feito na análise da viabilidade desta Revolução na Educação. Note-se que em função do período de análise (20 anos) há uma considerável sensibilidade dos resultados aos valores dos parâmetros. Adotam-se sempre hipóteses conservadoras e obtém-se um resultado robusto: é possível mudar radicalmente o ensino no Brasil, começando pela Educação Básica, elevando-a a padrões de qualidade internacional.

Quadro 27

Parâmetros, Hipóteses, Resultados - Cálculos Utilizados na Proposta	
Custo por Aluno para ter PISA de excellencia nas CEBIs	9.000,00
Custo por Aluno para Melhorar o Sistema Tradicional	4.000,00
Salário Médio pago aos Professores (Escola Básica) - 2009	1.527,00
Taxa de crescimento do PIB de 2012 até 2031 (hipótese conservadora)	3,0%
Estimativa de crescimento real do PIB em 2011	4,0%
Inflação estimada para 2011	5,3%
PIB Nominal 2010 (R$ trilhões)	3,675
PIB em Dez/2011 (R$ trilhões)	4,017
Relação aluno/professor	30
Número de professores no 1º ano de implementação	116.667
Gasto Total Estimado com Salário de Professores (R$ bilhões), com 13,3 salários/ano	14,0
Recurso Disponível no 1º ano para Gastos, Excluído Salário dos Professores (R$ bilhões)	17,5

Elaboração própria *

Quadro 28

Cálculo do custo fixo (Ano 1)	
Número de alunos (milhões)	3,5
Número de cidades (CEBIs)	200
Numero de alunos/CEBI	17.500
Número de alunos/Escola ideal	1.200
Número de Escolas Ideais/CEBI	15
R$ milhões/por escola	3,00
Custo por CEBI (R$ milhões)	43,8
Custo fixo total (R$ bilhões)	8,8
Número de escolas	2.917

Elaboração: Equipe do Gabinete do Senador Cristovam Buarque.

2. O financiamento

Um programa que faz essa revolução tem retornos econômicos óbvios. Além disso, seu impacto na dinâmica econômica trará os recursos necessários para o seu financiamento no médio e longo prazo. A nova educação dará um impacto na economia, mudando o perfil da produção e seu tamanho, com consequente aumento na receita do Setor Público.

Usando a hipótese simplificada de que o impacto de uma melhoria substancial na qualidade da educação sobre a economia seguirá os parâmetros do Quadro 29, estimamos que a receita anual adicional, ao longo do período de implantação da proposta, será de aproximadamente R$3,2 bilhões no 5º ano, R$5,7 bilhões no 10º ano e R$13,3 bilhões no 20º ano.

Considerando os investimentos iniciais, comuns em qualquer empreendimento, podemos listar como potenciais fontes de recursos as opções abaixo:

a) Reprogramação Orçamentária: o custo bruto da implantação das CEBIs no primeiro ano, de R$40,3 bilhões, representando apenas 2,8% do gasto pago em 2010 (que totalizou R$1.414 bilhões), pode potencialmente ser obtido com redução de gastos em outros setores.

b) Se essa reformulação orçamentária for politicamente inviável, o governo poderia tentar alternativas de financiamento, para os anos iniciais, relacionadas a alterações no estoque da Dívida Líquida Pública Mobiliária Interna (DLPMi). Isso pode se dar de duas formas: i) por uma cessão voluntária de detentores de títulos públicos (dentre aqueles investidores mais inclinados a colaborar com a proposta) conforme descrito no texto Proposta Financeira para a Educação 2011, mimeo, de Sérgio C. Buarque. O potencial de financiamento seria da ordem de R$27 bilhões (cerca de 5% do total da DLPMi detido por Instituições Financeiras, que em junho de 2011 possuíam R$545,5 bilhões da Dívida Pública Federal). ii) Por mecanismos de uma securitização da dívida nos quais novos títulos seriam emitidos, sendo usados como colateral os ganhos de renda futura do trabalho dos participantes do programa (que seriam mais bem remunerados no mercado), e restringindo os recursos obtidos para financiamento de projetos sociais (incluindo CEBIs). Essa proposta está descrita no texto Desenvolvimento e Financiamento do Capital Humano de Neantro Saavedra.

Quadro 29

Simulação do adicional de receita tributária gerado pela Revolução Republicana

Ano	Previsão do crescimento do PIB	Adicional do crescimento causado pela RRE	PIB sem considerar os efeitos da RRE	Receita do Setor Público sem considerar os efeitos da RRE	PIB considerando os efeitos da RRE	Receita do Setor Público considerando os efeitos da RRE	Adicional para a receita do Setor Público considerando os efeitos da RRE
1	3,0%	0,10%	4137	1519,8	4141	1521,3	1,5
2	3,0%	0,12%	4261	1565,4	4267	1567,3	1,9
3	3,0%	0,14%	4389	1612,4	4395	1614,7	2,3
4	3,0%	0,16%	4521	1660,7	4528	1663,5	2,7
5	3,0%	0,18%	4656	1710,6	4665	1713,7	3,2
6	3,0%	0,21%	4796	1761,9	4806	1765,5	3,6
7	3,0%	0,23%	4940	1814,7	4951	1818,8	4,1
8	3,0%	0,25%	5088	1869,2	5101	1873,8	4,6
9	3,0%	0,27%	5241	1925,3	5255	1930,4	5,2
10	3,0%	0,29%	5398	1983,0	5414	1988,8	5,7
11	3,0%	0,31%	5560	2042,5	5577	2048,8	6,3
12	3,0%	0,33%	5727	2103,8	5746	2110,8	7,0
13	3,0%	0,35%	5899	2166,9	5920	2174,5	7,6
14	3,0%	0,37%	6076	2231,9	6098	2240,2	8,3
15	3,0%	0,39%	6258	2298,9	6283	2307,9	9,1
16	3,0%	0,42%	6446	2367,8	6472	2377,7	9,8
17	3,0%	0,44%	6639	2438,9	6668	2449,5	10,7
18	3,0%	0,46%	6838	2512,0	6870	2523,5	11,5
19	3,0%	0,48%	7043	2587,4	7077	2599,8	12,4
20	3,0%	0,50%	7255	2665,0	7291	2678,3	13,3

Elaboração: Equipe do Gabinete do Senador Cristovam Buarque.

Em última análise, sempre que se fala em financiamento de

projetos, levanta-se a possibilidade de que eles sejam assumidos por recursos que ainda serão originados. No caso do Brasil, o candidato natural é o Pré-Sal. Este se tornou a solução de todos os problemas. Pode-se argumentar que seria lógico não contar com essa possibilidade para financiamento da Revolução Republicana na Educação. Primeiro, porque o potencial gerador de recursos financeiros do Pré-Sal ainda é somente uma hipótese, que dependerá do tamanho da reserva, da viabilidade técnica e financeira da exploração e do transporte do petróleo. Segundo, e principalmente, porque sua exploração dependerá da viabilidade financeira operacional, em função do preço futuro do petróleo e dos gastos com toda a operação.

3. O custo de não fazer

É comum que se pergunte de onde virá o dinheiro para aumentar o gasto atual de cerca de R$2.900,00 anuais por aluno na Educação de Base, dos quais apenas cerca de R$89,00 anuais (ou 3%) saem do Governo Federal. Mas são raros os questionamentos quanto ao dinheiro que financia a educação de 7,3 milhões de alunos em escolas privadas, graças em parte ao repasse indireto às famílias com maior poder aquisitivo, que recebem, no agregado, cerca de R$3,9 bilhões/ano de subsídio público, via dedução no Imposto de Renda dos gastos com educação, bem como outros itens associados ao gasto tributário referente à educação (que representa uma renúncia fiscal da União).[46]

---

46 Em função da dificuldade de obtenção de dados da SRF/Ministério da Fazenda adotamos a hipótese conservadora de que para o item Despesas com Educação – IRPF há um valor de 60% relacionado à Educação Básica.

Quadro 30

Demonstrativo dos gastos tributários (GT) por função orçamentária/educação – Brasil, 2010		
	R$ bilhões	%
GT relacionado à Educação	**5,80**	**0,9**
Despesas com educação - IRPF	1,40	0,3
Entidades dem fins lucrativos — educação	2,60	0,5
Livros técnicos e científicos	0,35	0,1
Transporte Escolar	0,08	0,0
PROUNI	0,63	0,1
Doações a instituições de ensino e pesquisa	0,02	0,0
Total dos GT relacionados à Educação	**113,88**	**4,5**
Total do GT relacionados à Educação Básica	**3,87**	**3,4**
Arrecadação estimada para 2010	**559,93**	**100,0**

Fonte: Secretaria da Receita Federal (SRF).
Elaboração própria.

Além disso, não é comum questionar de onde vem o dinheiro para projetos de infraestrutura, ou para compensar a redução de impostos devidos às isenções fiscais ou para investir no Ensino Superior ou Técnico. Nem de onde virão os recursos para financiar Copa, Olimpíadas, Belo Monte, Trem-Bala. Mas é comum que se pergunte quanto custa e de onde virá o dinheiro para construir uma única escola. Ninguém tampouco questiona quanto custa não fazer a escola, *o custo da omissão*. Não fazer uma revolução na educação já está custando a alma do Brasil, perdida eticamente por causa do *muro da desigualdade*, e economicamente por causa do *muro do atraso*.

Se compararmos o Brasil e a Coreia do Sul, esse *custo de não fazer* aparece de forma drástica. No começo dos anos 1960, a Coreia do Sul tinha renda anual *per capita* da ordem de

US$900. O Brasil tinha o dobro, então US$1.800. A Coreia fez sua revolução educacional a partir da Educação de Base, tomou outras medidas, e tem hoje uma renda *per capita* de aproximadamente US$31 mil (PPP), contra cerca de US$11,8 mil (PPP) do Brasil. Caso o Brasil tivesse seguido o modelo sul-coreano (repetindo aqui as mudanças lá implementadas e obtendo os mesmos benefícios da revolução educacional sul-coreana) nosso PIB atingiria aproximadamente R$19 trilhões, em vez um valor próximo de R$4 trilhões. O Quadro 31 explicita os números dessa simulação. Adiar essa revolução terá um custo destruidor do nosso futuro, não apenas pela perda financeira, mas por todo atraso, desigualdade, degradação, dependência.

Quadro 31

Simulação para a renda *per capita* do Brasil caso adotasse o modelo sul — coreano		
	Brasil	**Coréia do Sul**
Renda *per capita* anual — 1960 (USD PPP)	1.800,00	900,00
Renda *per capita* anual — 2011 (USD PPP)	11.767,16	31.410,47
Relação 2011/1960	7	35
Renda *per capita* anual — 2011 (USD PPP) Caso o Brasil adotasse o modelo sul-coreano	62.820,94	
Relação (De Fato)/Brasil (modelo sul-coreano) — 2011	5	
PIB 2010 (de fato) — Brasil (R$ milhões)	3.674,96	
PIB 2010 (simulado) — Brasil (R$ milhões)	19.619,42	

Fonte: FMI.
Elaboração própria

Não podemos dizer que foi apenas a Revolução Educacional que permitiu o salto civilizatório da Coreia, nem esquecer que, mesmo sem educação de qualidade, o povo coreano sempre deu importância à educação e à cultura. Mas reconhecemos que foi o salto educacional que permitiu o salto em demais setores, especialmente na economia de países como Coreia, Cingapura, Japão, etc. Por isso, a lógica de estimar o custo dessa omissão com base na comparação entre Brasil e Coreia.

PARTE IV: CONCLUSÃO

A *única revolução possível, lógica e ética* no mundo de hoje é por meio da educação. Em vez de estatizar capital financeiro, disseminar capital-conhecimento; usar lápis em vez de fuzis; professores, em vez de guerrilheiros; e no lugar de trincheiras e barricadas, escolas. Até recentemente, ser revolucionário era tomar o capital das mãos dos capitalistas e passá-lo às mãos do trabalhador, por meio do Estado, hoje ser revolucionário é colocar os filhos do trabalhador em escolas com a mesma qualidade daquelas onde estudam os filhos dos patrões.

Uma revolução só se faz com uma forte vontade política, e esta só se faz com uma concepção ideológica por trás. A revolução educacional vai exigir o *educacionismo*: a visão de que o progresso econômico depende do capital--conhecimento e de que a utopia social decorre da igualdade de oportunidade entre classes sociais pela educação igual para todos, e pela adoção de desenvolvimento sustentável entre gerações. A educação como vetor da transformação, e não apenas como serviço social adicional. Depois do fracasso das ideologias prisioneiras da economia – capitalismo, desenvolvimentismo, socialismo –, o mundo exige uma nova concepção, sintonizada com as tendências atuais. A realidade mostra que o capital do futuro está no conhecimento; e que a desigualdade social se origina da desigualdade no acesso à educação. Só um país com igualdade na qualidade da educação, entre classes e regiões, com todos concluindo o Ensino Médio com a máxima qualidade, vai permitir o salto em direção ao avanço civilizatório.

Além de criar as bases para o progresso, a ciência e a tecnologia, a educação poderá mudar a própria noção de progresso, incorporando o valor da natureza e mesmo a possibilidade de decrescimento econômico com felicidade.

Uma condição necessária para a revolução pela educação é o surgimento e crescimento de um *movimento educacionista* no Brasil. Nos moldes do movimento *abolicionista* do século XIX. Um *partido-causa* com defensores em todos os *partidos-sigla* na defesa da revolução pela educação. O *educacionista* é, no século XXI, aquilo que foram os *abolicionistas* no século XIX.

A primeira ação de um *educacionista* é convencer o povo brasileiro da importância e necessidade do educacionismo: **conscientizar os pobres de que têm direito a uma escola igual à dos ricos, e convencer os ricos de que não haverá boa educação nem futuro nacional enquanto ela ficar restrita aos seus filhos.**

Apesar do direito à dúvida, por causa da maneira pela qual a Educação de Base vem sendo relegada ao longo dos séculos, não temos direito de perder a esperança. Este é um documento para quem sofre com a perda de terreno do Brasil em relação ao resto do mundo, por causa do *muro do atraso*, e sofre com a divisão do País internamente, por causa do *muro da desigualdade*; para quem sabe que o único caminho para derrubar os dois muros é uma revolução na educação, e sente que isso é possível, que o Brasil sabe como fazer, e tem os recursos necessários, mas estamos adiando há décadas, desde o início de nossa República, passando por todos os 41 presidentes que antecederam a Presidenta Dilma.

As propostas aqui apresentadas não são apenas um *Plano de Desenvolvimento da Educação*, mas uma *Revolução na*

Educação. A tragédia educacional atual ainda é uma herança que recebemos, mas no final de nossos mandatos será uma herança que teremos deixado. *A atual geração sul-africana e o presidente Mandela ficaram na história do seu país porque foram os pioneiros de um novo ciclo, fazendo uma revolução para que brancos e negros pudessem caminhar nas mesmas calçadas nas cidades da África do Sul. Se quisermos ser os líderes de um novo ciclo no Brasil, temos um único caminho: fazer com que em nosso país as crianças pobres e ricas estudem em escolas com a mesma qualidade. Se fizermos isso, o mais acontecerá. Porque se um pai de família pode dizer que educando seu filho, o mais ele fará, um estadista pode dizer que educando seu povo, o mais ele fará.*